长江文明之旅

山高水长篇

U0893745

/科技部推荐优秀科普图书/

引航救助

总顾问 冯天瑜 钮新强
总主编 刘玉堂 王玉德

周永峰 编著

上海科学技术文献出版社
Shanghai Scientific and Technological Literature Press
长江出版社
CHANGJIANG PRESS

长江文明馆献辞
（代序一）

冯天瑜

无边落木萧萧下，
不尽长江滚滚来。
——杜甫《登高》

江河提供人类生活及生产不可或缺的淡水，并造就深入陆地的水路交通线，江河流域得以成为人类文明的发祥地、现代文明繁衍畅达的处所。因此，兼收自然地理、经济地理、人文地理旨趣的流域文明研究经久不衰。尼罗河、幼发拉底—底格里斯河、印度河、恒河、莱茵河、多瑙河、伏尔加河、亚马孙河、密西西比河、黄河、珠江等河流文明，竞相引起世人关注，而作为中国“母亲河”之一的长江，更以丰饶的自然秉赋、悠远深邃的文化积淀、广阔无垠的发展前景，理所当然成为江河文明研究的翘楚。历史呼唤、现实诉求，长江文明馆应运而生。她以“长江之歌 文明之旅”为主题，以水孕育人类、人类创造文明、文明融于生态为主线，紧紧围绕“走进长江”、“感知文明”和“最长江”三大核心板块，利用现代多媒体等手段，全方位展现长江流域的旖旎风光、悠久历史和璀璨文明。

干流长度居亚洲第一、世界第三的长江，地处亚热带北沿，人类文明发生线——北纬30°线横贯流域。而此纬线通过的几大人类古文明区（印度河流域、两河流域、尼罗河流域等）因副热带高压控制，多是气候干热的沙漠地带，作为文明发展基石的农业仰赖江河灌溉，故有“埃及是尼罗河赠礼”之说。然而，长江得大自然眷顾，亚洲大陆中部崛起的青藏高原和横断山脉阻挡来自太平洋季风的水汽，凝集为巫山云雨，致使这里水热资源丰富，最适宜人类生存发展，是中国乃至世界自然禀赋优越、经济文化潜能巨大的地域。

长江流域的优胜处可归结为“水”—“通”—“中”三字。

一、淡水富集

长江干流、支流纵横，水量充沛，湖泊星罗棋布，湿地广大，是地球上少有的亚热带淡水富集区，其流域蕴蓄着中国35%的淡水资源、48%的可开发水电资源。如果说石油是20世纪列国依靠的战略物资，那么，21世纪随着核能及非矿物能源（水能、风能、太阳能等）的广为开发，石油的重要性呈缓降之势，而淡水作为关乎生命存亡而又不可替代的资源，其地位进一步提升。当下的共识是：水与空气并列，是人类须臾不可缺的“第一资源”。长江的淡水优势，自古已然，于今为烈，仅以南水北调工程为例，即可见长江之水的战略意义。保护水生态、利用水资源、做好水文章，乃长江文明的一个绝大题目。

二、水运通衢

在水陆空三种运输系统中，水运成本最为低廉且载量巨大。而长江的水运交通发达，其干支流通航里程达6.5万千米，占全国内河通航里程的52.5%，是连接中国东中西部的“黄金水道”，其干线航道年货运量已逾十亿吨，超过以水运发达著称的莱茵河和密西西比河，稳居世界第一位。长江中游的武汉古称“九省通衢”，即是依凭横贯东西的长江干流和南来之湖湘、北来之汉水、东来之鄱赣造就的航运网，成为川、黔、陕、豫、鄂、湘、赣、皖、苏等省份的物流中心，当代更雄风振起，营造水陆空几纵几横交通枢纽和现代信息汇集区。

三、文明中心

如果说中国的自然地理中心在黄河上中游，那么经济地理、人口地理中心则在长江流域。以武汉为圆心、1000千米为半径画一圆圈，中国主要大都会及经济文化繁荣区皆在圆周近侧。居中可南北呼应、东西贯通、引领全局，近年遂有“长江经济带”发展战略的应运而兴。长江经济带覆盖中国11个省（市），包括长三角的江浙沪3省（市）、中部4省和西南4省（市）。11省（市）GDP总量超过全国的4成，且发展后劲不

可限量。

回望古史，黄河流域对中华文明的早期发育居功至伟，而长江流域依凭巨大潜力，自晚周疾起直追，巴蜀文化、荆楚文化、吴越文化与北方之齐鲁文化、三晋文化、秦羌文化并耀千秋。龙凤齐舞、国风—离骚对称、孔孟—老庄竞存，共同构建二元耦合的中华文化。中唐以降，经济文化重心南移，长江迎来领跑千年的辉煌。近代以来，面对“数千年未有之大变局”，长江担当起中国工业文明的先导、改革开放的先锋。未来学家列举“21世纪全球十大超级城市”，依次为：印度班加罗尔、中国武汉、土耳其伊斯坦布尔、中国上海、泰国曼谷、美国丹佛、美国亚特兰大、墨西哥昆坎—图卢姆、西班牙马德里、加拿大温哥华。在可预期的全球十大超级城市中，竟有两个（武汉与上海）位于长江流域，足见长江文明世界地位之崇高、发展前景之远大。

为着了解这一切，我们步入长江文明馆，这里昭示——

一道天造地设的巨流，怎样在东亚大陆绘制兼具壮美柔美的自然风貌；

一群勤勉聪慧的先民，怎样筚路蓝缕，以启山林，开创丰厚优雅的人文历史。

（作者系长江文明馆名誉馆长、武汉大学人文社科资深教授）

一馆览长江 水利写文明
（代序二）

钮新强

“你从雪山走来，春潮是你的风采；你向东海奔去，惊涛是你的气概……”一首《长江之歌》响彻华夏，唱出中华儿女赞美长江、依恋长江的深厚情感。

深厚的情感根植于对长江的热爱。翻阅长江，她横贯神州6300千米，蕴藏了全国1/3的水资源、3/5的水能资源，流域人口和生产总值均超过全国的40%；她冬寒夏热，四季分明，沿神奇的北纬30°延伸，形成了巨大的动植物基因库，蕴育了发达的农业，鱼儿欢腾粮满仓的盛景处处可现；她有上海、武汉、重庆、成都等国之重镇，现代人类文明聚集地如颗颗明珠撒于长江之滨；她有神奇九寨、长江三峡、神农架等旅游胜地，多少享誉世界的瑰丽美景纳入其中；她令李白、范仲淹、苏轼等无数文人墨客浮想联翩，写下无数赞美的词赋，留下千古诗情。

长江两岸中华儿女繁衍生息几千年，勤劳、勇敢、智慧，用双手创造了令世人瞩目的巴蜀文明、楚文明及吴越文明。这些文明如浩浩荡荡的长江之水，生生不息，成为中华文明重要组成部分。

人类认识和开发利用长江的历史，就是一部兴利除弊的发展史，也是长江文明得以丰富与传承的重要基石。据史料记载，自汉代到清代的2100年间，长江平均不到十年就有一次洪水大泛滥，历代的兴衰同水的涨落息息相关。治国先必治水，成为先祖留给我们的古训。

为抵御岷江洪患，李冰父子筑都江堰，工程与自然的和谐统一，成就了千年不朽，成都平原从此“水旱从人、不知饥馑”,天府之国人人神往。

一条京杭大运河，让两岸世世代代的子孙受惠千年。今天，部分河段化身为南水北调东线调水的主要通道，再添新活力，大运河成为连接古今的南北大命脉。

新中国成立以后，百废待兴，党和政府把治水作为治国之大计，长江的治理开发迎来崭新的时代。万里长江，险在荆江。1953年完建的荆江分洪工程三次开闸分洪，抗击1954年大洪水，确保了荆江大堤及两岸人民安全。面对’54洪魔带来的巨大创伤，长江水利人开启长江流域综合规划，与时俱进，历经3轮大编绘，使之成为指导长江治理开发的纲领性文件。

“南方水多，北方水少，能不能从南方借点水给北方？”毛泽东半个多世纪前的伟大构想，是一个多么漫长的期盼与等待呀。南水北调的蓝图，在几代长江水利人无悔选择、默默坚守、创新创造中终于梦想成真，清澈甘甜的长江水在“人造天河”里欢悦北去，源源不断地流向广袤、干渴的华北平原，流向首都北京，流向无数北方人的灵魂里。

新中国成立以来，从长江水利人手中，长江流域诞生了新中国第一座大型水利工程——丹江口水利枢纽工程、万里长江第一坝——葛洲坝工程、世界最大的水利枢纽——三峡工程。与此同时，沉睡万年的大小江河也被一条条唤醒，以清江水布垭、隔河岩等为代表的水利工程星罗棋布，嵌珠镶玉。这是多么艰巨而充满挑战、闪烁智慧的治水历程!也只有在这条巨川之上，才能演绎出如此壮阔的治水奇观，孕育出如此辉煌的水利文明，为古老的长江文明注入新的动力!

当前，长江经济带战略、京津冀协同发展战略及一带一路建设正加推提速，长江因其特殊的地理位置与优质的资源禀赋与三大战略（建设）息息相关，长江流域能否健康发展关系着三大战略（建设）的成败。因此，长江承载的不仅是流域内的百姓富强梦，更是中华民族的伟大复兴梦。长江无愧于中华民族母亲河的称号，她的未来价值无限，魅力永恒。

武汉把长江文明馆落户于第十届园博会园区的核心区，塑造成为园博会的文化制高点和园博园的精神内核，这寄托着武汉对长江的无比敬重与无限珍爱。可以想象，长江文明馆开放之时，来自五湖四海的人们定将发出无比的惊叹：一座长江文明馆，半部中国文明史。

（作者系长江文明馆名誉馆长，中国工程院院士、长江勘测规划设计研究院院长）

目 录

绪　言 / 1
南船北马　古代航运因水而生 / 5
以瓠济水　远古舟楫的发明 / 7
循序渐进　古代航路的开辟 / 9
江河险阻　客观需要引航救助 / 13
长江　自古天险船难行 / 15
汉江　十里水道九里滩 / 28
赣江　十船过滩九船翻 / 30
悲天悯人　民间救助各尽其心 / 35
寺庙救助　普渡慈航 / 36
京口救生　利济行旅 / 39
武汉善堂　济世渡人 / 43
个体救助　崇善尚义 / 47
人命关天　官方救助始于明清 / 53
川江红船　护航救生 / 54
渡口红船　护渡救生 / 62
镇江红船　护漕救生 / 66
船望风静　神灵崇拜应运而生 / 69
川江宝塔　寄托水路平安 / 70
崇拜河神　祈望海晏河清 / 72
拜祀神女　祈祷江河安澜 / 75
拜祀晏公　祈求水途安妥 / 76
祭拜观音　祈盼风恬浪静 / 78

供奉杨泗　祈求一帆风顺 / 80

日新月异　当代救助今非昔比 / 85

长江救助自成体系 / 87
立体搜救东方之星 / 97

从无到有　古代引航的萌芽 / 107

标识引航　船工智慧的结晶 / 110
看水引航　激流放排的高手 / 111
歌谣引航　成功闯滩的秘诀 / 115
新滩古镇　川江引水的摇篮 / 118

国门洞开　近代引航的屈辱 / 125

长江航权丧失 / 126
川江航权旁落 / 129
争夺航权斗争 / 131

步履维艰　收回航权的艰难 / 135

解聘最后一名外籍引水员 / 136
颁布第一部专门引航规章 / 138
强制引航第一艘进江外轮 / 139

风生水起　当代引航的诞生 / 141

长江引航体制的嬗变 / 142
长江引航方式的蜕变 / 144
长江引航事业的辉煌 / 149

余　论 / 158

主要参考文献 / 159

绪　言

引航救助与航运形影相随，既是江河运输发展的客观需求，也是驾船人趋吉避凶的本能选择。

安全是人类生存和发展的最基本需求，趋吉避害是人类与生俱来的天性，救死扶伤是人类世代因袭的传统美德。

当古人开始利用舟楫之便，行驶于江河湖泊时，船难事故就会难以避免，水上人命救助也就随之伴生。为避免船难的发生，驾船人在通过急流险滩时，便寻找熟悉当地水情的老水手、老驾长，引领船舶前行，引航也就由此产生。可以说，引航、救助和航运形影相随，既是江河运输发展的必然结果和客观需求，也是驾船人自身需求和趋吉避凶的本能选择。

无论是引航，还是救助，都需要施受双方同舟共济、齐心协力。只有心往一处想，劲往一处使，才能闯过危区险段，战胜暗礁激流，逢凶化吉，抵达胜利的彼岸。

在世界水上救助史上，中国水上人命救助占有极为重要的地位。欧美等国的救生协会资料中记载着这样的文字：“救生服务的起源最早可以追溯到中国，中国是最早建立救生组织的国家。1708年，镇江救生会成立，配备了专业的救生员、装备了专门的救生装备，并且快速地沿长江发展了多处救生组织。随着英国、荷兰商船的相继到达，18世纪中期，类似的组织在欧洲也诞生了。”

中国水上人命救助历史渊远流长，最早可以追溯到战国时期。在科学技术相对落后的中国古代，社会经济生活主要依赖江河运输，人们称那个以舟代步的时代为“江河时代”，把那个时代的经济称为“江河经济”。长江及其流域大大小小的江河湖泊，是船舶航行的天然水道，众多的急流险滩又是阻挠船舶通航的天险。所以，中国古代水上人命救助主要发生在长江流域。在长江水道处于原始自然的状态下，在电闪雷鸣、暴风骤雨突然降临的通航环境中，常年在水上讨生活是非常艰难也是非常危险的事。水能载舟，亦能覆舟，驾船人往往与风险、灾难相伴相随。

救助活动关系着人的生存，显示着人的尊严和人性的光辉，是人类文明的重要体现和人类道德生活的重要组成部分。

救人于危难之中是中华民族自古就有的优良传统，这种传统源自儒家学说以“仁”、“德”、“义”为核心的人道主义思想导向，源自佛教以“慈悲为怀”为核心的价值取向，更源自历代社会的坚守和传承。遇难者在危急时刻对于施救者的需求，既是对生的渴望，也是对施救者道德、能力的信任。施救者对于遇难者的需求，缘于对生命的尊重和珍视，缘于不能辱没肩负的道义和担当。对于遇难者，求救是本能的求生反应；对于施救者，则是道德、责任的综合体现。

千百年来，儒家学说一直是中国社会的主流思想，其宣扬和提倡的“仁”、“德”、“义”，是中国古代社会救助的基本价值理念。在这一理念的倡导下，社会注重对鳏寡孤独、残疾者的救济和收养，注重对贫困和突遭不幸变故者的救助。在频繁的社会慈善救助活动中，最为常见的是对天灾人祸等急难的救助。这种救助形式在中国古代水上人命救助中表现得淋漓尽致。佛教以“慈悲”为核心，慈悲为怀成为宗教救助活动的伦理基础。“救人一命，胜造七级浮屠”，于是就有了普度慈航的寺庙救生。道教也以“贵生”这一生命理论为核心，并将其作为传统社会的救助思想。

水上人命救助，毕竟是船舶失事后的救援活动。为了预防和避免水上事故的发生，驾船人在江河的危区险段，开始寻找、聘请一些熟悉当地水文条件，驾驶技术好的船长、驾长或者水手，帮助引领船舶航行。在川江，这些人被称为“招头”，他们是中国最早的引航员。唐代设立“市舶司”，管理外国商船的入港与中国商船的出海，这一机构具有一定的引航职能。到了元朝，为保证漕粮运输安全出入长江口，朝廷设立了“指浅提领”，为过往船舶指引航道，以避开江中暗礁浅滩。明朝政府在太仓浏河口设立“六国码头”，专门引领、管理和停靠外国船只。进入长江的外国籍船舶必须由有长江航行经验的“火长”或“惯熟艄工”引航至南京。也就是说，中国明代已经出现了和现代引航员相似的工作和职业分工了。

引航正式成为一个职业，是在中国近代，伴随其成长的是一段不堪回首的屈辱历史。鸦片战争后，随着外国列强的侵入和强加给清朝政府的一系列不平等条约，不同国籍的船舶纷纷驶入我国沿海，进入长江。引航开始成为专门职业并得到进一步发展，最终成为一个行业，获得官方和民间的认同，有了正式的“身份”。然而，由于清朝政府的腐败无能，中国引航权落入列强之手。新中国成立后，彻底收回了被外国列强长期把持的中国引航权，引航成为一个崇高的职业。引航员被誉为“国门卫士”和“水上国门形象第一人”。

长江流域的引航救助延续了数百年甚至上千年，不仅有充分的史料记载，更有不少相关文物保存至今。本书在参考和吸收前人和学者研究成果的基础上，对长江流域引航的萌芽、引航从业者的诞生、引航职业的特性、引航的演变作了刨根问底的追溯；对引航与社会发展的相互关系进行了较为深刻的探讨，向读者呈现了长江引航这个职业的艰辛与荣耀。本书还从长江天险导致的重大船难事件说起，通过对涉及水上人命救助的历史事件、著名人物、史料记载、诗词歌赋等资料，描述长江流域古代民间救助、官方救助的史实，探索这些救助方式形成的原因、发挥的作用及其对长江航运的影响。通过对新中国成立后长江巡航救助体制的建立、发展与现状的描述，将长江流域水上人命救助的前世今生全景似的展现在读者面前。

引航是一个国家引航权的体现，是国家主权的一部分；完善的水上交通安全监管能力，是一个国家突发性公共事件应急体系的组成部分。而完备的救助力量，是重要的国防资源和国家意志的具体体现。2015 年初夏国家层面对突遭龙卷风而倾覆的游船“东方之星”的长江大搜救，不仅是国家救助力量的展示，更是国家意志和人本价值的体现。从长江流域古代、近代到当代引航救助的变化中，我们可感受到中华民族在历史进程中的蹒跚步履，在伟大复兴路上的坚实脚步。

南船北马　古代航运因水而生

在古代中国，因地理、地貌的不同，形成了南方农耕民族文化和北方游牧民族文化。“南船北马”是从古流传至今的民间谚语，即南方运输靠船，北方运输靠马。

「 船是南方民族的主要交通工具 」

在古代中国，因地理、地貌的不同，形成了南方农耕民族文化和北方游牧民族文化。“南船北马”是从古流传至今的民间谚语，即南方运输靠船，北方运输靠马。西汉时期编撰的《淮南子·齐俗训》中，就有“胡人便于马，越人便于舟”的记载。作为流传千年的民间谚语，“南船北马”简洁生动地描述了南北民族极有特色的交通运输特点。我国南方各民族多沿江河湖海生活，其交通往来主要是利用水道带来的舟楫之便。船则是人类最早使用的生产工具和交通工具。《周易·系辞》记载黄帝时“刳木为舟，剡木为楫，舟楫之利，以济不通”，是指在一条木头上挖槽形成独木舟，这是最初的舟。

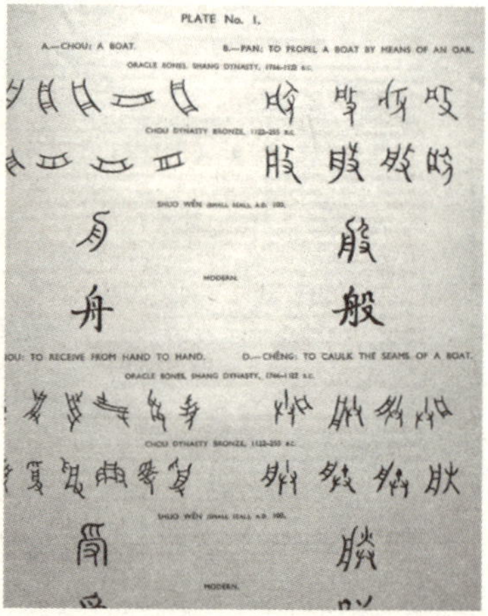

「 甲骨文中的象形文字“舟” 」

商代时期，在甲骨文中可以见到船的形象。甲骨文中有大量的象形文字，其中就有“舟”字。青铜器铭文中也有象形“舟”字。由此可知，早在商代前期，船已是人们常用的水上工具了。后来则是用木板造船，船越造越大，成为南方民族的主要交通工具。

「 古代巴人的发祥地——清江武落钟离山 」

据史籍记载，古蜀巴人近水而居，善于操舟。《后汉书·南蛮西南夷列传》载：“巴郡南郡蛮本有五姓。巴氏、樊氏、瞫氏、相氏、郑氏皆出于钟离山。其中有赤黑二穴，巴氏之子生于赤穴，四姓之地皆生黑穴。未有君长，俱事鬼神，乃共掷剑于石穴，约能中者奉以为君。巴子务相乃独中之，众皆叹。又令各乘土船，约能浮者当以为君。余姓系沉，唯务相独浮，因共立之，是为廪君，乃乘土船以夷水至盐阳。”这一记载表明古代巴人已善于造船和驾船，而且十分重视驾船技术，具有较高驾船技能的人，才能成为部落首领。

在南方水乡，船是人们赖以生存的工具，靠它渔猎而食，运输代步。《吴越春秋》中形容吴越之人“以船为家，以辑为马”。《春秋大事表》说，吴人“不能一日而废舟楫之用”。在古南方民族中，船占有不可替代的重要地位。

以瓠济水　远古舟楫的发明

说古代航运，得先说说船是怎么形成的。

“古者观落叶因以为舟”（刘向《世本》），“古人见窾［kuǎn 款，中空之意］木浮而知为舟”的记载，说明先民已认识到一些物体具有浮性。

「“轩辕作舟楫”——陕西轩辕黄帝陵」

明代学者罗颀著有《物原》一书，主要介绍我国古代先民的发明创造。书中有“燧人氏以匏［páo 袍］济水，伏羲氏始乘桴，轩辕作舟楫”以及颛顼作篙桨，帝喾作舵橹，尧作维牵，夏禹作舵，学鲎鱼发明帆的记载。

“匏”就是葫芦，“以匏济水”是说古人为了改善生活，抱着葫芦或树干作为浮具，到深水去捕鱼。

以后，人们又把好几个葫芦用绳子连起来，系在腰上以提高渡水时的浮力，这叫腰舟。以后发展到捆在背上，这样就可以把双手解放出来，双手配合双脚一起划水，在水中捕鱼的能力就大大提高了。

「 筏是船只发明以前出现的最早水上运载工具 」

桴就是筏。“方舟设泭［fú 扶，同桴］，乘桴济河”（《国语·齐语》），“并木以渡”。据晋郭璞注《尔雅·释水》的解释，称木筏为簰［pái 牌，即簰］，是大筏；竹筏为筏，是小筏。筏是把几根木头或竹子捆起来，以筏济物，乘筏渡河。筏是舟船发明以前出现的第一种水上运载工具。

燧人氏和伏羲氏都是古代传说中的人物。燧人氏生活在相当于山顶洞人的氏族公社开始的时代，伏羲氏生活在相当于半坡氏族的母系氏族繁荣的时代。从抱葫芦渡水到乘筏过河，生动地说明了渡水工具历经改进的过程。

故《易·系辞下》记载，“伏羲氏刳［kū 枯］木为舟，剡［yǎn 演］木为楫，舟楫之利，以济不通”。“刳木为舟”就是制作独木舟的方法。即选一根大树干，用石斧或石刀砍、削一个长槽，然后用火烧掉木屑，再砍、再削、再烧，直到长槽达到合适的长度、深度为止。人坐立在木槽中就可以浮水漂向远方了。

1973 年，在浙江余姚县河姆渡村，考古学家发现了一处距今 7000 年的新石器时期远古居民遗址。遗址中发现了 6 支木桨，都是用整块木板制成的。有一支残桨长 0.6 米，宽 0.12 米，叶长 0.5 米，柄上刻有横线与斜线组成的几何形花纹。另一支残桨长 0.92 米，整体细长扁平，像柳叶一样。这说明先民们已会剖制木板，已具备制造木板船的条件。在木桨附近还有一具夹炭黑陶质的独木舟模型，经测定都是 7000 年前的遗物，与《周易》所说“刳木为舟，剡木为楫，致远以利天下”互相印证。专家断定，中国独木舟出现的时间约在七八千年以前。

1958 年，江苏省武进县奄城发掘出一只独木舟，它长 11 米，宽 0.9 米，内底宽 0.56 米，深 0.42 米，由一整段大原木挖空而成。奄城是世界上仅有的三城三河形制的古城，已有 3000 多年的历史。据考证，这是春秋时期的独木舟。1965 年前后，在奄城又陆续发现两只春秋时期的独木舟。其中一只看上去似乎只有半只，实际上是一只完整的独木舟。尖头敞尾，没有尾封板，建造起来容易。船靠岸时，上下也方便。航行时，人靠前坐，头重尾轻，敞尾翘在水面上，也没有进水之虞。

「木舟开拓了新的生活领域」

独木舟和排筏是远古先民最简陋也是最重要的渡水运载工具，它们不仅成为我国古代造船技术的雏型，而且延伸了航路，扩大了人类活动的范围。有了独木舟，先人可以跨越水域，开拓新的生活领域，创造更美好的生活。

循序渐进　古代航路的开辟

古人发明制作船舶，只是解决了水上交通工具的问题，对水的环境、水的习性，特别是对航路的认识，则有一个由浅入深、循序渐进的历史过程。这个过程原始而且漫长。

捕鱼是人类最早的生产活动之一，人类对水的认识最早也是始于捕鱼。

水是人类生存的必要条件，在生产水平很低的原始社会，人们大多聚集在有水的地方，为了生存和繁衍，人们从水中猎取鱼、虾、螺、蚌等。鱼是一种动物，在水中游动迅速，且通体滑溜，徒手摸鱼，捉到的鱼有限，是不能满足生活需求的。为了捕到更多的鱼，随着经验的积累和发展，人们便想出了“竭泽而渔”的办法，就是把河沟、水坑弄干，将鱼一举捉尽。“竭泽而渔”是原始的捕鱼方法，直到现在，一些农村仍用这种方法捉鱼。

「人类对水的认识最早始于捕鱼」

因为捕鱼，人类开始接触水。在捕鱼的生产过程中，“用手摸鱼”和“竭泽而鱼”是人类观察了解大自然，掌握水下地形最原始最直接的感知方法。进而由近及远，由浅水到深渊，由塘堰到湖泊再到江河，逐渐认识了水的特性，熟悉了周围河流、湖泊水域环境。

“逆水行舟，不进则退”，“水能载舟，亦能覆舟”等中国古代成语，是先民在观察、了解大自然的过程中积累下来的宝贵经验，也是先民对水中行船最精辟的见解。

「因为捕鱼，人类开始接触水」

人类在熟悉、掌握、积累了江河湖泊环境，水的习性等这些船舶航行所必需的知识后，在社会发展、进步和需求的推动下，船舶逐渐成为水上交通工具，或用于渡江、渡河，或用于战争，或用于漕运和商运等。

战国时期，巴楚相互攻伐，均沿江进退。《华阳国志·巴志》载：周匡王二年（公元前611年）楚大饥庸人率群蛮叛楚，楚伐庸……秦人、巴人从楚师，群蛮从楚子盟遂灭而分其地。巴得鱼腹邑（今奉节、云阳一带）。之后，巴楚间数相攻伐，均沿清江及长江进行，并有水军交战，故在清江上设有杆关，在长江上设有阳关、弱关、江关以作防守。

「逆水行舟，不进则退」

由于当时川楚之间水运已很便利，

「八百里清江」

周慎王五年（公元前316年）秦灭巴蜀。雄踞长江上游之后，就利用川江水道控制楚国，对雄踞南方的楚国进行战略包抄。张仪曾以川楚水运之便威胁楚怀王。他说，“秦西有巴蜀，方舟积粟起于汶山，循江而下，至郢三千余里，舫船载卒，一舫载五十人与三月之粮，下水而浮，一日行三百余里，里数虽多不费汗马之劳，不至十日而距杆关，杆关惊则从竞陵以东尽城守矣。”周赧王三十五年（公元前280年），“司马错率巴蜀众十万，大船舶万艘，米六百万斛，浮江伐楚”，“自巴涪水取商于之地为黔中郡”。周赧王三十八年（公元前277年）《史记·秦本纪》中有这样的描述：“秦又派蜀守张若伐取楚的巫郡（今巫山川东及湖北清江一带）及江南为黔中郡”，记载了秦楚征战借用长江、清江、乌江等水道的历史。当时的运载工具中已有舫舟。《说文》说：“舫，并舟也。”其载量可达五十人并三月之粮。一次攻伐的船队规模达万艘，运十万兵员及其所需粮秣。

“两湖熟，天下足”、“川米济楚”、“川盐济楚”。在四川和两湖粮食产量居全国之最的情况下，长江三峡成为川米、川货、川盐等贩运的水上交通要道。

“水陆交通，商务繁盛”，以四川居首，湖广居中，江浙为尾，沟通了全国性的米粮流通网络。《新唐书·陈子昂传》说：“蜀为西南一都会，国之宝库，又人富树粟多，浮江而下，可济中国。”

自古川江经宜昌转输的蜀船也非常多。清代杨毓秀在《东湖竹枝词》中描述：“蜀船千桨下南津，日暮江干震鼓錞”，“西陵城外赤矶头，急

「1911 年通过西陵峡的船只」

濑回流万叶舟”。清代竹孙氏在《荆沙竹枝词》中也有记载：“广土公膏归粤客，红花白蜡办川民。几多绸铺由零剪，大半发财蔡店人。杂货行同山货行，两行生意略相当。独他杂货排场远，白蜡川糖是大庄。”可见，四川红花、白蜡、山货、川糖等商品在长江中游地区有相当强的竞争力。陈谦在《三台县竹枝词》中说：“五方杂处密如罗，开先楚人来更多。”蜀船为历代楚地人移民巴蜀大地，也为他们定居后通过川江到长江中下游经商创造了条件。可见川江是巴（蜀）楚经济文化交流的大动脉。

清代洪良品写有一首描写蜀楚贸易的《竹枝词》：“赤甲山头云气开，蜀盐川锦截江来。一帆载过夔门去，白镪高于滟滪堆。”该诗以瞿唐赤甲山、夔门、滟滪堆类比描绘四川航运通过峡江的情景，由此可知古人用峡江航运指代川江航运是比较常见的。故有巴蜀物流“巨舟临峡江”的描写。川江水路的畅通，在于峡江的畅通，两者有时候是等同的。但峡路主要指川江水路，多泛指重庆到宜昌的这段水路。

「瞿塘峡赤甲山上的炮台」

江河险阻　客观需要引航救助

长江及其流域大大小小的江河湖泊，是船舶航行的天然水道，众多的急流险滩又是阻挠船舶通航的天堑。水能载舟，亦能覆舟。

水是生命的源泉，是人类生存最基本的条件。先民们逐水而居是一种本能的选择。

人类得水而生存，庄稼得水而生长，船舶得水而航行，大坝得水而发电——这是水滋润万物的一面。

山洪暴发，狂怒奔泻。江河泛滥，田园荒芜，人为鱼鳖；波横浪急，樯倾楫摧，船毁人亡——则是水冷酷无情的一面。

水能造福，也能为患。可滋润万物，也可席卷一切生命；可以哺育一切，也可以毁灭一切。

正如先贤荀子所言，水能载舟，亦能覆舟。

人类社会发展的历史表明，在科学技术相对落后的中国古代，社会经济生活的发展主要依赖江河运输，人们称那个以舟代步的时代为“舟船时代”，把那个时代的经济称为“江河经济”。

长江及其流域大大小小的江河湖泊，是船舶航行的天然水道，众多的急流险滩又是阻挠船舶通航的天堑。水能载舟，亦能覆舟。在江河湖泊水道处于原始自然的状态下，在电闪雷鸣，暴风骤雨无法预知的通航环境中，在水上讨生活是非常艰难也非常危险的事。人类在享用舟楫之利的同时，也在与险滩恶水斗智斗勇。将船舶安全引领至目的地，解救遇难遭困的船舶和人员，既是江河运输的客观需求，更是人类敬畏生命、以生命为重的根本要求。

「逐水而居是人类本能的选择」

长江　自古天险船难行

如以航道特征和船舶航行来区分长江，总体而言是：上游峡谷对峙，滩险流急，船舶航行艰难；中游九曲回肠，河道蜿蜒，行船如扭秧歌；下游江宽水深，风急浪高，行船多有风险。

「江源地区的雪山冰川」

千万年来，喜马拉雅山和青藏高原地势高峻，气温低，山顶常年积雪，形成巨大冰川，蕴藏无比丰富的水源。春夏秋冬，季节变更，亚热带季风多雨气候，山顶冰雪消融交替，释放出惊人的水体，加上沿途支流和地下水的汇入，最终汇合成浩浩荡荡、滔滔不绝的长江。

长江全长 6380 千米，干流横贯东西，支流沟通南北。3600 多条支流从不同地域、不同的路径，曲折迂回，穿山越岭，汇聚于长江的怀抱。长江穿山越岭，绵延万里，经流青海、西藏、云南、贵州、四川、重庆、湖北、湖南、江西、安徽、江苏、上海等省（自治区、直辖市），最后在上海注入东海，年均入海水量约 9600 亿立方米。

「江源地区的地貌」

在江源地区，有 40 多座海拔 6000 米以上的雪山，四季如冬。长江从各拉丹冬的姜根迪如冰川

「 飞架在沱沱河上的万里长江第一桥 」

发源时，只是一些冰川、冰斗的融水汇成的小溪流，然后继续向北，分成两条宽 4 米和 6 米的小河。小河两边的谷地中还有许多密如蛛网的水流，这里便是沱沱河的上源。

河水流出巴冬山后，先在一片广阔的满布砂砾的河滩上时分时合，形成辫状水态，再经过一条峡谷，流到葫芦湖附近急转东去。在经过了 375 千米的流程后，蜿蜒而下的河水到达囊极巴陇与当曲、布曲、朵尔曲汇合，河道开阔，河面开展，河谷宽，河水浅，但流到沱沱河时，已是深 3 米，宽 20~60 米的大河了。著名的万里长江第一桥就飞架在沱沱河滩上。

「 长江正源沱沱河 」

长江从源头到沱沱河，由于浅滩罗列，水流散乱，水不归槽，根本不具备船只航行条件。通天河长 800 余千米，下游的青海省玉树藏族自治州与四川、西藏紧相毗邻的直门达峡谷，是唐蕃古道上有名的古渡口，名为“通天渡”。这里两山对峙，地势险要，自古以来就是西宁通往玉树、青海通往西藏的必经之路，也是通天河上游的一大天堑。

「 通天河上的公路桥 」

通天河是长江上游中的一段，上起囊极巴陇与长江正源当曲相接，下至玉树藏族自治州的巴塘河口与金沙江相连，河水穿行于唐古拉山和昆仑山脉宽谷中，长 813 千米。

长江在青海省玉树县境进入横断山区的巴塘河口，开始称为

「长江上源金沙江」

“金沙江”。成书于2000多年前战国时期的《禹贡》，把金沙江称为“黑水”，随后的《山海经》中称其为“绳水”。东汉许慎的《说文解字》及《汉书·地理志》中将今雅砻江以上部分称为“淹水”，而以若水（雅砻江）为干流。三国时期，称为“泸水”。武侯诸葛亮“五月渡泸，深入不毛”，即指这里。沿河盛产沙金，“黄金生于丽水，白银出自朱提”。宋代因为河中出现大量淘金人而改称“金沙江”。诗人陈志岁在《金沙江口号》诗中写道：“江人竞说淘工苦，万粒黄沙一粒金。不识官家金铸槛，几多黔首失光阴。”明代地理学家徐霞客经过实地考察后，提出“推江源者，必当以金沙为首”，确认金沙江是长江上源，从而纠正了自《禹贡》以来“岷山导江”延续两千年的谬误。

金沙江干流穿行于高山深峡之中，河床狭窄，水流湍急，流向变化多端，具有“高、深、陡、窄、弯”的特点。

「用羊皮做成的羊皮筏子——“革囊”」

当年忽必烈远征大理，面对波涛滚滚的金沙江，也只能“革囊渡江”。面对汹涌的江水，蒙古军士使用“革囊”渡过了金沙江天险。后人把忽必烈的这次著名的军事行动称为“元跨革囊”。

在云南省丽江纳西族自治县石鼓镇，金沙江流向由原来的东南向，急转成东北向，形成奇特的“U”形

「金沙江与岷江汇合处的宜宾三江口」

大弯道，成为长江流向的一个急剧转折，被称为“万里长江第一弯”。

金沙江下游从四川省新市镇至宜宾市岷江口，长 106 千米。两岸多在海拔 500 米以下，江水过新市镇转向东流，进入四川盆地，经绥江、屏山、水富、安边等地，右岸汇入金沙江最后一条支流横江，再流经 28.5 千米到达宜宾市，过岷江口始称“长江”。

长江干线航道从金沙江下游的云南水富开始，直到长江口，流经云南、四川、重庆、湖北、湖南、江西、安徽、江苏、上海等 7 省 2 直辖市，通航里程达 2838 千米。

「千里川江」

长江自宜宾以下到宜昌，长 1030 千米，大多流经川渝地区，人们习惯上称其为“川江”。

三峡大坝修建之前，川江航道基本上处于自然状态，没进行过有规模的整治，时有岩崩、滑坡发生，不断形成新的险滩。

「今日山城重庆夜景」

从地图上看，川江弯弯曲曲，一路上难得有段平直的江段，故古代有“几江”之称。江津以下直至重庆附近，还连续出现好几个不小的“几”字弯，一直到过了丰都，才结束这曲折的历程。

宜宾到江津 240 千米，宽阔的川

江与两岸红色丘陵相伴而行。在重庆附近的江面，夏季涨水时有 800 米宽，水深可达 35 米。冬季水落，江宽减少一半，水深至少也还有 10 米。

过江津后，川江干流进入平行岭谷地区，穿越一排排平行的条带式褶皱山岭，在重庆境内，先后形成了猫儿峡、铜锣峡、黄草峡等峡谷。经奉节县后进入巫山山地。涪陵到奉节的一段，川江漫游在典型的向斜谷底，江流十分宽阔，最宽的地方，如忠县复兴场就有 1500 米，涪陵珍溪场达到 2000 米。

人们根据川江的走向，将重庆以上 370 千米称为“上川江”，重庆以下 660 千米称为“下川江”。

下川江过奉节白帝城后，江水穿山切岭，洞穿四川与湖北交界的大峡谷，自西至东，流经瞿塘峡、巫峡、西陵峡三峡，全长约 200 千米，古称峡江，即举世闻名的长江三峡。

「两岸山峦夹峙、水流湍急的长江三峡」

长江三峡历来是上游水运交通的要冲，四川对外运输的孔道，船舶运输历来繁忙。然而，三峡两岸山峦夹峙，河道逼仄，水流湍急，峡谷与宽谷相间排列，险滩与暗礁石形影相随，江水落差甚大，是川江最为险要的水道，自古称为“长江天险”，一直被船家视为畏途。

重庆至宜昌 660 千米江段里，有 200 多处险滩、浅滩和妨碍航行的礁石，平均每 3.3 千米一处，还有仅能单向通过船只的窄峡河段 50 余处。险滩形成的急流卷起一个个巨大的漩涡，吞噬行船，凶狠无比的暗礁能把船只撞得粉碎。像西陵峡中青滩、泄滩、崆岭滩等有名的“鬼门关”

「长江三峡第一峡——瞿塘峡」

就有 37 处，是船舶航行的最险江段，船行其间，危机四伏。

自上而下，自西至东，长江三峡中的第一峡是瞿塘峡。“众水会涪万，瞿塘争一门”，这是杜甫描写瞿塘峡夔门水势的诗句。在瞿塘峡水道两岸，是延绵 8 千米刀劈斧削般的悬崖峭壁。西端入口处，两岸山峰相距不足百米，形如门户，故名“夔门”，也称“瞿塘峡关”。江水被束缚在非常狭窄的两山之间，山高水低，形成巨大的反差，船行其中，如同落叶，可谓“峰与天关接，舟从地窟行”。

瞿塘峡是三峡中最短的峡谷，由于是出川的第一峡，加上气壮山河的夔门，在地理上“锁全川之水，扼巴鄂咽喉”，在气势上“西控巴渝收万壑，东连荆楚压群山”，故有了“夔门天下雄”的美誉。

「瞿塘峡畔白帝城」

瞿塘峡畔有当年刘备托孤的白帝城。李白“朝辞白帝彩云间，千里江陵一日还。两岸猿声啼不住，轻舟已过万重山”的诗句，形象地描绘了船只突围两山夹峙、快速飞过瞿塘峡的情景。

「长江三峡中最长的峡谷——巫峡」

长江三峡中，以幽深俊秀著称的是巫峡。它西起重庆巫山县城东的大宁河口，东至湖北巴东县官渡口，长约 46 千米。其中巴东段长 22 千米，西起鳊鱼溪，东至官渡口镇，古称“巴峡”。在川鄂边界的鳊鱼溪，有“楚蜀鸿沟”题刻遗迹。

巫峡是长江横切巫山山脉而形成的，为三峡最连贯、最整齐的峡谷。分为东西两段，西段由金盔银甲峡、箭穿峡组成，东段由铁棺峡、门扇峡组成。峡长谷深，苍峡连彩霞，出峡复入峡，令人目不暇接。

「开凿在悬崖绝壁上的夔巫栈道」

巫峡南北两岸，青山不断，群峰如屏，层峦叠嶂，奇峰突兀，云腾雾绕。著名的巫山十二峰中最秀丽的神女峰，上冲云霄，壁立千仞，下临不测深渊，直插江底。

巫峡江流曲折，百转千回，船行峡中，时而大山挡道，山穷水尽疑无路；忽又峰回路转，云开雾散别有天，如同行驶在一条迂回曲折、千奇百怪、美不胜收的画廊。

「穿过巫山山脉的大宁河」

探访三峡，唯一的交通工具是船。正所谓“放舟下巫峡，心在十二峰”。而对于往来于三峡的船只来说，巫峡并不是波澜不惊的长湖。那开凿在悬崖绝壁上的夔巫栈道，那刻在两岸岩石上的累累纤痕，无不诉说着昔日船过巫峡，纤夫匍匐前行的艰难。

巫峡北岸一条比较大的支流大宁河发源于大巴山南麓的巫溪县新田，穿行于大巴山山脉和巫山山脉，从北往南，穿过巫溪、巫山之间的云崖险峰，在巫峡西口注入长江，全长165千米。

大宁河在穿过巫山山脉时，形成了龙门峡、巴雾峡和滴翠峡，人们称之为“小三峡”。

「因三峡水库蓄水炸掉的大宁河龙门峡大桥」

小三峡南起巫山县，北至大昌古镇。龙门峡长约3千米，两岸峰峦叠翠，水流湍急，是小三峡的门户。峡口两山对峙，峭壁如削，有若夔门。巴雾峡长约10千米，其间怪石林立，奇峰峥嵘，野趣横生。滴翠峡长约20千米，是小三峡中最长的一段峡谷，两岸林木葱茏，青翠欲滴，水流和缓，清幽碧绿，玲珑剔透。与长江三峡的宏伟壮观、雄奇险峻相比，小三峡则显得秀丽别致、精致典雅。

「大宁河“巴水急如箭，巴船去如飞”」

由于河道狭窄，河床陡峻，水位落差大，大宁河通航条件险恶。历史上一直只能通行木船。人们乘船通过最窄的峡谷河段，抬头只见一线天，上下行船只交会时，几乎是擦舷而过。船行急流处，则有“巴水急如箭，巴船去如飞”之感。

船只从巫峡顺流而下，就到了险滩密布、礁石林立、水流湍急的西陵峡。

西陵峡滩多水急，船只难行。其中庙河处的崆岭峡，是川江著名的险滩。《归州志·山水》载：江水流经牛肝马肺峡，“又东五里经庙河为崆岭峡，其下为崆岭滩……悬崖削立，飞猿不能渡。水势汹涌，山石荦确。夏时水涨，必空其舲，方可上下”。清代诗人刘肇绅有诗《入崆岭峡》为证：“峭壁千寻并，群峰一线开。江声呼岸走，山影压船来。”唐代诗人

「三峡水库蓄水后的大宁河」

「长江三峡中最险的峡谷——西陵峡」

白居易在诗中用非常形象的比喻，描绘了西陵峡的滩险："黄狗次黄牛，滩比竹节稠。路穿天地行，人续古今愁。"元代诗人周巽："滟预堆前十二滩，滩声破胆落奔湍。巴人缓步牵江去，楚客齐歌行路难。"明代诗人许景樊："永安宫外是层滩，滩上行人多少难。潮信有时应自至，郎舟一去几时还。"清代诗人龚维翰："蜀道愁述百八滩，滩滩险处觉心寒。骇人最是三峡石，乱掷金钱乱打宽。"这些诗句都形象地描述了西陵峡崆岭滩的通航险境。

崆岭之险，一险在峡，二险在滩。峡滩交织，怪石嶙峋，暗礁林立，江水湍急，被称为三峡"滩险之冠"和"鬼门关"。大小船只经过此峡此滩，无不提心吊胆。稍有疏忽，船即撞沉，其惊险超过三峡任何一处险滩。千百年来，川江就流传着"新滩洩滩不算滩，崆岭才是鬼门关"的民谣。在漫长的岁月里，在崆岭滩翻覆的船只、淹死的船工和旅客无数。新滩北岸的山头，曾建有一座白骨塔，里面收殓了无数死难船工的遗骸。人们认为险滩是妖魔在兴风作浪，于是在每个险滩的山腰、山顶兴建文峰塔"镇妖"，但未能扼制灾难的发生。唐乾宁年间，朝庭命官李峣携家眷沿峡江而下，去荆州赴任。途经奉节时遇洪水暴涨。夔州太守刘昌美便留他待江水退了再走。李峣因朝命不敢停留，冒险出航。还没等岸边目送他的夔州官吏离去，船就被江面巨大的漩涡吞噬，李峣一家及船上其他人全部遇难。

「暗礁林立、江水湍急的西陵峡」

「葛洲坝大坝建成后的西陵峡明月湾」

据统计，仅在1915—1935年的20年间，航行川江的轮船共发生海损事故350多起，有40多艘船只沉没于江中，而木船发生的海损事故更是不计其数，根本无法统计。可查证的史料记载，仅在光绪二十四年（公元1898年）英国人立德乐驾“利川”号小轮试航三峡后，在崆岭滩触礁沉没的轮船就有“瑞生号”、“福来号”、“福远号”等。尤其是清光绪二十六年（公元1900年）12月27日，德国轮船“瑞生”号的触礁遇难，震惊中外。

有关报道说，“瑞生号”轮船上有中外乘客百余人，德籍船长布里台格和12名乘客遇难。

“瑞生号”轮是长江三峡航运史上第一艘沉没的外国轮船。当年，这幕令人触目惊心的悲剧在中外引起的震动不亚于一次地震。至此，川江航运蒙上了一层阴影，各国商轮望而却步，川江轮运因此沉寂了近10年时间。

“瑞生号”事件之后，到了1918年，川江航政部门特意在崆岭滩的大珠石上镌刻“对我来”三个大字，警示、引导过往船只。“崆岭滩啊崆岭滩，十船过滩九船翻。劝君莫怕‘对我来’，保你通过鬼门关”的民谣便流传开来。即便如此，这里仍事故频发。1923年4月30日，法国“玛丽”号轮船再次在崆岭滩翻沉遇难，又一次震惊了世界。

「长江三峡东起始口——宜昌南津关」

长江从南津关出三峡以后，虽然江面较峡江宽阔，但两岸山势未尽，江边有多级基座阶地分布，谷深100~150米。河床宽数百米，河漫滩狭窄，河道微弯，弯曲处有边滩、心滩出露，河道变化较稳定。直到江流出荆门山后，进入一望无涯的中下游平原，情形才发生根本变化。江面宽阔，田野平旷，中游山原交替的地理形胜与川江迥然不同。李白有诗曰：渡远荆门外，来从楚国游，山随平野尽，江入大荒流。

古人常把荆门山视为三峡的东口。

荆门山位于宜都县西北，屹立于长江右岸，上有十二碚，下有虎牙滩，南与五龙山的群峰相接，北和虎牙山隔江对峙。这十二碚即十二座虽不甚高但景色秀丽的山峰。“荆门杰峙虎牙攒，江流到此急一束”。峡门上合下开，犹如束紧的袋子口，夹岸峭壁千寻，峥嵘突兀，状如虎齿，形成一扇壮丽的门阙，故得名“荆门”。

荆门山的地理位置十分重要，“上收蜀道三千之雄，下锁荆襄一方之局”，历史上称其为“全楚西塞第一关”。

人们称从宜昌至荆州的长江为荆江。它起自枝城镇长江大桥，终至湖南岳阳北扼洞庭湖入江口的城陵矶，长约400千米，宽约2000米。

荆江河道呈西北、东南向，江面宽阔，河道曲折，水流缓慢，泥沙大量沉积，沙洲众多，河床逐年淤高。其北岸为江汉平原，南岸为洞庭湖平原。两湖平原地势很低，特别是北岸要比南岸低5~7米。枯水位季节，荆江河道甚至高于北岸地面。在沙市江面行驶的船舶似乎有“人在水下走，舟从楼上过”的感觉。汛期全凭荆江大堤防护两岸的安全。

此外，迎流顶冲造成的荆江堤脚崩岸涌浪也相当危险。所以人们常说“万里长江，险在荆江”。

「洞庭湖入江口的城陵矶港」

「素有“九曲回肠”之称的下荆江」

荆江素有“九曲回肠”之称，属典型的蜿蜒型河道，居中国蜿蜒型河道之首。

由于太过弯曲，河道蜿蜒，船舶航行至此，迂回蛇行，如扭秧歌，不仅大大延长了船舶航行的路程，弯道内流速减小还容易淤积成沙洲浅滩，阻碍航行，给船舶航行带来很大困难，船舶搁浅和擦浅时有发生。特别是在枯水期，这里成为航运“肠梗阻”的高发水域，几乎每年都发生由于淤积水浅而导致的船舶碍航、堵航事件。

「川鄂咽喉宜昌」

石首一带，水深流急、崩岸频繁，成为荆江河曲最多、地势最险的河段。这里自古就流传着“荆江之险，险在石首”，“石首河湾，曲冠荆江”，“三十年河东，四十年河西”等民谣。

“上荆江、下荆江，难就难在下荆江”，成为千百年来驾船人的一句口头禅。

「长江、汉江交汇的武汉」

从宜昌到鄱阳湖口为长江中游，927 千米，占长江全长的 14.7%。

长江在流经武汉时接纳了它最大的支流汉江。流经九江，它将集赣、抚、饶、信、修五大河流之水的鄱阳湖揽入怀抱。

鄱阳湖口以下为长江下游，长 844 千米，占长江长度的 13.3%，是长江干流水量最大的河段。它从

「九江港」

湖口起，经安徽、江苏，到上海接纳最后一条支流黄浦江后注入东海，流域面积12.3万平方千米，占流域面积的6.8%，是长江流域最富庶的地区。

扬州、镇江一带古有扬子津和扬子县，故流经这里的长江又称“扬子江”。外国人也常用扬子江这一名称泛指整个长江。

扬子江段江水落差小，水流缓慢，是长江航道含金量最大、最具有航运价值的江段。当年，唐代高僧鉴真和尚东渡，郑和七下西洋，都是从这里出发的。

「镇江」

“春江潮水连海平，海上明月共潮生”，这是唐初诗人张若虚《春江花月夜》中的诗句。闻一多赞之为“诗中的诗，顶峰上的顶峰”。张若虚是扬州人，诗句准确而生动地描绘了唐代这一带受海潮顶托，江面宽阔如海面的特点。

「水乡泽国的江南」

长江自镇江以下，折向东南，进入长江三角洲地区。这里地势平坦，湖泊星罗棋布，水道交织成网，一片水乡泽国景象。

江阴以下为河口段，由于接近大海，江面不断扩张成喇叭状，江面宽阔，河道水深，江口宽达80千米，呈现江海相连的壮观景色。

由于江海相连、海潮顶托、江宽水阔，易发对流天气，大风产生大浪，风急浪高是船舶航行的最大危险。

1987年5月8日11时01分，在江苏省南通市江面，南通市轮运公司的“江苏0130”渡船与武汉长江轮船公司的“长江22033号”推轮发生碰撞。“江苏0130”渡船翻沉，船上105人全部落水，除7人被救起外，98人遇难。

汉江　十里水道九里滩

汉江长1500多千米，是长江最大的支流。

汉江河道曲折，自古有“曲莫如汉”之说。它发源于陕西省汉中市嶓冢山，向东南流经陕西汉中、安康，出陕西后进入湖北西北部，在十堰市的丹江口与其最大支流——丹江汇合，注入丹江口水库。出水库后继续向东南流，过襄阳、宜城、钟祥、沙洋、天门、仙桃、汉川等地，在汉口龙王庙汇入长江。

「河湖港汊纵横交错的江汉平原」

汉江众多的支流以及中下游与长江之间纵横交错的河湖港汊，为船舶通航提供了便利。

明清以前，汉江航运主要是官方主办的军运和漕运，这为稳定统治者的政权发挥了非常重要的作用。明清以后，汉江商业运输经历了繁荣与萧条几个阶段。明初，荆襄地区实行禁山政策，汉江航运一度受阻。明中后期，汉江航行畅通无阻。嘉庆时，汉中知府严如熤在《纸厂咏》中描述了当时的繁盛景象：“驮负秦陇道，船运郧襄市，华阳大小巴，厂屋簇峰垒。”崇祯年间，安康遭灾，安康人李登科曾“自楚贩米归，倾舟散之”。明清之际，汉江中上游地区频遭兵

「 汉江畔的古城钟祥 」

灾战乱，人口骤减，土地荒芜，商贾止步。“所产竹木，不能成筏下流；所受粟米，不能登舟出运。内既不出，外亦不入，所谓独坐穷山，食用一尽”。汉江水运受到重大挫折。清乾隆以后，汉江水运再度繁荣。沿江形成了安康、汉中、白河、蜀河、旬阳、紫阳、瓦房店、汉王城等物资集散地和商贸中心，“川、楚、陕、豫、赣、晋各商，列肆于此，懋迁有无”。大量手工工厂产品和山货土产囤积于此，依靠水运行销山外。同时大量棉花、花布等生活日用品也凭水运至此销售。“南郑，成固大商重载此物，历金州以抵襄樊，鄂渚者，舳舻相接”，“安康人人种落花生，每秋冬舟运两湖、三江，获利以亿万计”，“猪至集市，累千盈万，船运至汉口，襄阳”，“籴贩者借囤积逆旅，待时赁舟东下”。

在每年春夏长江汛期通航阻隔之时，汉江水运还肩负向川渝转运物资的重任，成为沟通我国东西联系的一条重要运输通道。

清道光、咸丰时期，在太平天国起义阻断长江航运时，入川物资也借助汉江转运。“道咸间，洪杨之变，川江路梗，货物转运多由此取道入川”。

「 汉江沙洋港 」

到了清朝中叶，安康逐步成为陕南、鄂西重要的集散中心市场。商品经济的活跃，使汉江水运空前发达。严如熤在《乡兵行》诗中提到“昨到兴安城，粮船如鱼鳞”。

汉江航运的发展，还受制于缺乏整治的天然航道。滩多、

「汉江上的新城船闸」

礁险、流急，成为船舶航行的主要障碍。

汉江中上游航道十分复杂，滩多水浅，暗礁险阻。沿江自古流传着“汉江水弯又弯，到处都是滩连滩。三百六十个有名滩，三百六十个无名滩”，“十里汉江九里滩，过滩如过鬼门关”的谚语。

那些驾驶船舶往返千里汉江的船工水手，主要凭借对航道的熟习程度和长期积累的驾驶经验。如“溯流引纤，舟必侧行，亦一险途”。水手拉纤也是凭借经验。在船舶装载货物多少的问题上，一艘木船究竟装多少合适，也完全依靠船工的经验。这些通过驾驶实践而得出的经验，成为船舶安全航行的保障。但在航道情况发生变化，如汛期洪水造成航道变迁，碥路冲毁的时候，这种缺乏一定科学性的经验往往失灵。

清同治六年（公元 1867 年），周全有统帅楚军水师往援兴安，就因为纤夫用力过度发生海事。“余奉檄率战舰数十，往援兴郡，以扼楚……适负纤者用力过，致一舟倾侧，荡平炮一尊沉沦江底”。

赣江　十船过滩九船翻

赣江是长江的第二大支流，仅次于汉江。在江西赣、抚、饶、信、修五大河流中，排名第一。它自南向北纵贯江西全境，沿途流经赣州、万安、泰和、吉安、峡江、新干、樟树、丰城、新建、南昌，至吴城注入鄱阳湖，全长 766 千米，流域面积约 82000 平方千米。

「长江第二大支流赣江」

据文献记载，从古代两周始，赣江航运就很繁忙。自唐末开辟南岭梅关古道至1936年粤汉铁路通车前，赣江一直是联系长江和珠江两大流域的主要水路通道。广东客商自北江到南雄，越过梅关古道，再从赣州沿江而下，直入长江，是南粤到中原内地必经的重要水道。

赣江上游有大余、虔州两大古城。大余古称“南安”，是与广东北江上游的古城南雄最近的城市。虔州即赣州，是商人南北往来的水运大码头，造船业特别兴旺。虔州的造船场曾经“日成一舟，率以为常”。

唐宋时代，广州为市舶开放口岸。洪州（今南昌）的一些西亚、中亚商人到广州，一般都是沿赣江溯水而南，在抵达虔州（今赣州）后，舍舟登陆，穿过南岭梅关古道，再通过北江到达广州。宋代以来，江西以质量好的粤盐代替质量差的淮盐，而朝廷对盐实行专卖制度，官运官销，从南雄转入虔州。随着江西内地食盐的不断增多，赣江的盐运也特别繁忙。明代，朝廷官府的漕运和民间的商运推动了沿河经济发展。赣抚，吉泰平原是鱼米之乡，素有“粮仓”之称，加上茶叶、桑麻、四时物产，或上贡朝廷，或外运其他都市，或通岭南走海路远销他国。

「 赣江之畔滕王阁 」

但是，赣江在为沟通南北提供舟楫之利时，其暗礁密布、流急滩险的中游河段，却是阻碍船舶通行的天堑。

赣江是一条自然河流，上、中游多浅滩。最为险要的是赣州至万安的94千米河段，平均坡降达0.20‰。江水穿过花岗岩山谷，深切河床，形成了“万堆顽石耸礁尧”、“水石惊天变”的险区，史上一直被船夫视为畏途。

据《陈高祖霸先传》："高祖发自南康。南康赣石旧有贰拾肆滩。滩多巨石。行旅者以为难。高祖之发也。水暴起数丈。叁百里间巨石皆没。"记载的是南北朝梁太平二年（公元557年），高祖陈霸先（公元503—559年）从南康县顺江而下时，南康至赣石江段水高浪大，江中巨石全被淹没的情景。

唐代诗人孟浩然也曾坐船从今赣县自南而北，顺流而下。诗人经历了赣江千嶂恶水的凶险和船夫闯滩的艰险，写了一首《下赣石》。"赣石"指赣江之源到南野县以下三百里中险滩密布的一段水路。诗中写道："赣石三百里，沿洄千嶂间。沸声常活活，洊势亦潺潺。跳沫鱼龙沸，垂藤猿狖攀。榜人苦奔峭，而我忘险艰。放溜情弥惬，登舻目自闲。暝帆何处宿，遥指落星湾。"生动地描述了船只或"沿洄"，在沸腾的江水中回旋于千嶂之间，或"放溜"，在激流中顺水漂流。当猿狖在垂藤上攀爬嬉闹时，而"榜人"（即纤夫），却在陡峭的岸上紧张地奔忙。身临其境的诗人，虽然"忘险艰"、"情弥惬"、"目自闲"，但与其对应的，却是"沸声活活"的激流，江水相继而至、后浪推前浪的"洊势"和"榜人苦奔"的艰难。跃然纸上的是赣江客观存在的凶险和诗人自我的主观感受，这种主客观的强烈对比，使得《下赣石》成为孟浩然山水诗中的代表作，后人也从这首诗中，知道并读懂了赣江之险。

当年，陈高祖发南康、孟浩然下赣石所经之路，都是在著名的"赣江十八滩"。

根据地方志的记载，十八滩在赣县有九个，在万安县也有九个。十八滩中，惶恐滩是赣江上游的最后一滩，也最为险恶。两岸高山绝壁，怪石嶙峋。两山狭窄之处，江流湍急，水声争鸣。古人在《水中石头记》中，绘声绘色地描述了惶恐滩的礁石："石多如牛者，如狗马者，如龙蛇而狞欲飞走者，如猿而上下其臂或蹲以踣者，皆激水深闻百里……"

描述"惶恐滩"的诗句很多，比如"涛声嘈杂怒雷轰，顽石参差拔不开。行客尽言滩路险，谁叫君自险中来”，“赣石三百里，春流十八滩；路从青壁绝，船到半江寒”。还有很多民间俗语，像“赣江之险天下闻，险中之险十八滩”、“惶恐滩，阎王滩，十根竹篙九根断，十船要过九船翻”。

可以说，在赣江行船的人，听到惶恐滩，没有不感到惶恐的。

南上广东，北下江南，赣江是必经之地，上行和下行的船只都必过惶恐滩。

无论春夏秋冬，十八滩都是船只的拦路虎。丰水期，水隐礁石，水流加急，巨大的漩涡往往吞噬过往船只。枯水期，水落滩现，河道窄狭，撑船人往往在闯滩时撞上峥嵘怪石，船翻人亡。特别是暴雨或汛期，常有人死船翻的悲剧发生。

宋绍圣元年（公元 1094 年），苏东坡贬谪广东惠州。这一年，他在赴惠州途中乘船入赣江。身处逆境的苏轼，深为惶恐滩的暗礁险恶所震撼、所伤感，写下了《八月七日初入赣过惶恐滩》：“七千里外二毛人，十八滩头一叶身。山忆喜欢劳远梦，地名惶恐泣孤臣。长风送客添帆腹，积雨浮舟减石鳞。便合与官充水手，此生何止略知津。”

「 苏东坡画像 」

苏东坡在首联中，巧妙地用数字写出了所处的危险环境：一个头发花白的老人，只身飘零在远离京都七千里外的赣江，乘坐的小舟，穿越在惶恐险滩，如同激流漩涡中的一片树叶，随时都有沉没的危险。第二句描写的是，船只在长时间顺风的吹拂下，船帆像鼓起的大腹。由于下了很久的雨，江水暴涨，巨石淹没于水，人在船上已看不见鱼鳞般的波纹。“地名惶恐泣孤臣”——面对凶险的惶恐险滩和同样凶险的仕途，曾写下“大江东去，浪淘尽、千古风流人物”的豪放东坡，也不免心寒孤泣。

完全可以想象，当年这位无限惶恐的垂泪孤臣，如果没有一个好的滩师引航和熟练的船工掌舵，是难以闯过一滩又一滩的。

公元 1129 年，宋高宗祖母隆祐太后遭金军追击，沿赣江而上，逃往虔州（今赣州市）。受十八滩所阻，在万安皂口（今造口）舍舟登陆，才摆脱追兵。40 多年后，爱国诗人辛弃疾在赴赣州经过万安时，感慨于南宋那段辛酸国史，在惶恐滩上游的皂口壁上写下了传诵千古的《菩萨蛮・书江西皂口壁》：“郁孤台下清江水，中间多少行人泪。西北望长安，可怜无数山。青山遮不住，毕竟东流去。向晚正愁予，山深闻鹧鸪。”

让惶恐滩闻名天下的，还有文天祥的《过零丁洋》。

文天祥生于赣江畔的庐陵（今吉安）。宋瑞宗景炎二年（公元 1277 年），文天祥兵败江西空阬，经赣江惶恐滩退往福建。一年后，在广东海丰被元兵所俘。被捕后誓死不降，并写下了七言律诗：“辛苦遭逢起一经，干戈寥落四周星。山河破碎风飘絮，身世浮沉雨打萍。惶恐滩头说惶恐，零丁洋里叹零丁。人生自古谁无死，留取丹心照汗青。”惶恐滩由此被赋予了深沉的人文内涵。

| 悲天悯人　民间救助各尽其心 |

救护生命在我国有着悠久的历史，从最初见义勇为性质的个人救生，到民间救生组织的成立，再到官府的官员把救生当作自己的职责，构成了一部完整的救生史。

有海难事故，就有水上人命救助，救人于危难之中，是中华民族的传统美德。

《周易·彖辞传》曰："天地之大德曰生。"这句话的意思是"天地之间最伟大的道德是爱护生命"。

天地者，阴阳也，阴阳二气，本于虚无，而化生万物。故曰：天地之大德曰生。

儒家赞叹天地之大德曰生，肯定生的价值，肯定人、人类社会、天地万物都是从大德中创生出来得，赞叹"富有之谓大业，日新之谓盛德"，富有是品类之繁富，日新是生生之不已。

这是中国先哲对人生、宇宙的根本体悟，是儒宗的性格，是理想的，也是现实的。

清光绪本归州志《峡江救生船记》记载："天地之大德曰生，而人能体天地之德，则莫于救生。当其沉溺水中寄予呼吸，一旦救而出之重睹天日，岂非慈航普渡哉。"

大德无言。人世间，还有什么比爱护生命、保护生命更有意义更有价值的呢？

救护生命在我国有着悠久的历史，从最初见义勇为性质的个人救生，到民间救生组织的成立，再到官府的官员把救生当作自己的职责，构成了一部完整的救生史。

寺庙救助 普渡慈航

佛家有一句名言叫"普渡慈航"。"慈航"就是救生船，是古代镇江僧众对救生船的代称。

佛家有个词叫“普渡慈航”。在古代，镇江一带的僧人正是用“慈航”来称呼救生船。

「 镇江金山寺 」

在我国古代水上救助历史上，可能寺庙救生最早见于文字记录。早在隋朝初年，扬州地区便出现了两座以“救生”命名的寺庙。据《嘉庆扬州志》载：隋大业四年（公元 608 年），江都县东五里第二港，建有“救生教寺”，取拯溺意命名也。寺之南旧有河入江，隋朝时为长江北岸。

《嘉庆江都续志》载：扬州大东门外运河之东凹子街也建有一座救生寺，亦为隋时所建，乾隆 27 年赐名“宝筏禅寺”。

中国古典四大名著之一的《西游记》人们都不陌生。在《西游记》第九回中，记述唐僧出生时，父亲被坏人所害，母亲也被霸占。为保襁褓中的唐僧不受到迫害，唐僧的母亲将他带到江边。恰好江中有一只木盆，唐僧就被母亲放入木盆。木盆顺流而下，漂至金山寺，被寺中的长老法明和尚救起。长老因唐僧是顺江流至此地，就给他取了个乳名叫江流儿，并将其抚养成人。

「 江苏淮安吴承恩故居 」

《西游记》由明代小说家吴承恩所撰，吴承恩是淮安人，经常路过镇江。镇江的金山原是一个江心小岛，位于长江与京杭大运河十字交汇的中心点上，是水上事故的频发之地。为提醒过往船舶，金山寺的僧众在礁石上插上树木作为标识，提醒过往渡舟谨慎避让，但收效甚微。面对频频倾覆的渡舟，耳闻急流中落水民众的呼号，僧众多方筹募资金，设置救生船，“专拯覆溺者，名曰慈航”。

或许是目睹了金山寺救生的景象，或许耳闻了金山寺救生的故事，吴承恩就将唐僧的身世之谜与金山寺救生的故事联系在一起，写入了《西游记》中。

2003 年，扬州市凹子街旧房拆迁时，在救生寺内东侧的庙房的拱形门上，人们意外地发现了一块石额，上面有“勅赐宝筏救生寺”字样，中间刻有“乾隆御笔”印章，下方还有落款“住持广闻修建”，时间为辛巳仲春。这就是始建于隋代的扬州“古救生寺”。

申时行是明代嘉靖四十一年（公元 1562）的苏州籍状元，万历年间的内阁首辅。他在《赠金山太虚上人》诗中写道：“插貂辞凤辇，披衲向龙宫。梵刹烟波上，禅栖水月中。翻经依佛日，演法振宗风。心逐云鸿远，身将野鹤同。行游穷胜览，入定悟真空。拯溺慈航设，扶危觉路通。藏留金地重，恩拜紫衣崇。何用寻庐岳，兹山得远公。”镇江一带文人也习惯称救生船为“慈航”，“拯溺”就是指水上救生。

原籍镇江句容的李春芳，明代嘉庆年间中状元，隆庆年间成为内阁首辅。其曾孙李长科，崇祯年间侨居镇江，在金山寺的下院超岸寺兴建了避风馆，让过往旅客憩息待渡，寺僧众筹募捐款，建造了 10 只救生红船，专门拯救落水人员，并请“超岸寺僧长镜”负责水上救生事宜。他们按所救者是活人还是尸体，分别给予奖赏，利济甚众。

> 明末设置的避风馆，僧民结合，其救生活动长达 50 年之久。

清初全国著名三大散文家之一的魏禧在其《魏叔子善德纪闻录》中对此做了生动的描述。清初著名文学家、康熙四大家之一的姜宸英也专门写了《京口义渡赡产碑记》一文记载了金山僧众参与水上救生的事迹。据姜宸英文中统计，自从金山寺救生红船设立之后，每年救活落水人员以四五十计，不十年而得活者四五百人矣。

清代康熙三十八年，康熙南巡路过镇江，“见金山寺、避风馆救生红船，在江以救溺水之人”非常高兴，“恩谕金山寺、避风馆二处一切丁银杂派等项俱着豁免”。

镇江东北长江之中有焦山、金山和北固山，同称“京口三山”。据

「镇江金山江天禅寺」

《京口山水志》载：宋大中祥符七年（公元1014年），真宗皇帝赵桓“以京江多覆溺之患，是山在江中，近海门，祷祈有应，诏封山神以公爵，仍制文告之，刻石庙中”。

据清朝初年著名三大散文名家魏叔子的朋友、文坛“京口二家”之一的何絜在《焦山慈航碑记》记载：“焦山僻处下游，问渡者不多，向谨设慈航一。”焦山的救生红船主要弥补金山一带救生力量的不足，当风大浪急，金山救生船来不及施救，遇险船舶顺水下漂到焦山一带江面时，焦山救生船立即出动施救。

京口救生　利济行旅

我国历史上最有名的民间水上救助机构，是康熙年间镇江民间士绅自发捐款组织成立的“京口救生会”，这也是世界公认的最早的水上人命救生组织，它比寺庙救生专业得多，影响也大得多。

康熙四十二年（公元 1703 年），镇江京口蒋元鼎、朱永载等15名乡绅牵头，“劝邑中输钱，救涉江复舟者”，捐白金若干，在西津渡观音阁成立了京口救生会。成立的当天，正值江上大风，有一艘船只遭遇风浪倾覆。救生会闻讯后立即派出救生“红船”前往救助。救助人员勇猛无比，当即控制住遇难船只，救活一人。京口救生会旗开得胜，救人的消息不胫而走，一时成为美谈。

「镇江“京口救生会”旧址」

作为民间慈善机构的京口救生会，是

「镇江水上救助志愿队在“京口救生会”旧址成立」

自行捐办而不领官费的。救生会规定，对救助船只实行论功行赏；对无家可归的被救人员留在会中收养；对有家者发给路费；遇难而死者，由救生会打捞沉尸置棺装殓。救生会会首由大家推举公正者担任，负责金钱的收支。

五年后，京口救生会购买了镇江西津渡韶关晏公庙旧址，修建三间房屋作为办公会址。救生会祭祀晏公，后又建楼祭祀文昌神。凡参加共创救生会的善士辞世，均在楼西立牌位祀之。

镇江京口救生会的善举对沿江官府影响极大。丹徒县令冯咏把救生作为头等大事，经常在大风天气乘坐救助红船巡江。

「镇江西津渡老街」

京口救生会义士们的善举感动了不少人，也引起了社会各界的关注和支持。救生会每遇经费不足时，皆有官民捐助。

乾隆初年，京口义士蒋豫继承族人之志，召集乐善好施者全力振兴京口救生会。商定凡救生人员在江中救活一人，就赏钱1200文，捞获一口浮尸，奖赏及棺材抬埋费1150文。乾隆六年，蒋豫的儿子蒋宗海继承先志，接办京口救生会。乾隆十七年中进士的蒋宗海，官至内阁中书舍人。任职不久，他便辞官还乡，兴办京口救生会等诸多慈善事业。每遇经费不足时，他就在丹徒、扬州一带募捐，维持救生会长达 54 年之久。据考证，蒋豫、蒋宗海与后人，连续七代苦心经营京口救生会，计 140 多年，为中

「镇江京口捐金成立救生会的乡绅雕塑」

国救生行善之典范。蒋宗海与镇江王文治等被誉为“京口四君子”。

在京口救生会组建160多年后的同治十年（公元1871年），在镇江经商的浙江余姚籍的魏昌寿等人，募捐创设了瓜镇义渡总局。其成功运作产生了巨大的社会影响，使之成为中国历史上民间义渡救生的代表。

瓜镇义渡总局是一个半专业的水上救生组织，其主业是义渡，同时又兼有水上救生的职能。

当时，长江南岸的镇江与北岸的瓜洲、扬州之间的贸易往来比较频繁，但由于长江天堑的阻隔，两岸交通不便，虽然有渡船，但都是一些“船漏水，篷漏风，棚漏雨”的小划子，极不安全。加之操业者良莠不齐，过往客商的生命财产往往得不到保障。为改变这种现状，魏昌寿等人倡议募捐创设瓜镇义渡。倡议呈报镇江和扬州两地衙门后，立即引起重视，得到两地官府的批准和赞助。观察沈仲复、李叔彦，太守赵粹甫、方子箴等接到呈文，立即点头认可，并带头捐奉，共捐银三千多两。苏松太道先后两次拨银三千两。主管盐栈的薛世香捐银六千缗（每缗为一千文）。地方绅商也伸出援手，捐银三千缗。两江总督曾国藩、两广总督张树声、中丞总督张振轩等也凭借自己的声望，在议裁中保全，使瓜镇义渡募捐得以顺利进行。

利用捐款，魏昌寿等人分别在镇江西津坊小码头（今建筑尚存）建造了瓜镇义渡总局办公楼，在瓜洲七濠口和江口（均坍入江中）建造了分局。建造10只大号义渡船，渡船漆成红色，免费渡客，取名为“义渡红船”。船尾均用白粉写上“瓜镇义渡第X号江船”字样。其中4只泊于南岸镇江，4只泊于北岸瓜洲七濠口，2只泊于江口。每只船都配备了

镇江对岸的瓜洲古渡

熟悉航道和水情的水手和舵工。

同治十一年（公元1873年）4月，瓜镇义渡总局开渡。5只渡船往来于扬州的瓜洲大口与镇江的西津渡之间，5只渡船往来于七濠口与镇江之间。

“利济行人”是瓜镇义渡确立的宗旨。

义渡船兼使救生，其作用与红船相等。“对渡江面遇有危急之船，顺道救护”，“除救生局例赏外，仍由本局按救活人数每人另赏钱壹千文”。义渡船实行黎明开渡，上灯止渡，狂风断渡，循环对渡，装载行人，不取分文。每逢农历十二月下旬，夜渡延至除夕。“其渡船水手舟夫及局用工食均由局支给”。瓜镇义渡还公布了八条规章制度。要求船工勤慎干练，熟习长江水性，按时上下班，按指定泊位停靠，按序循环对渡，爱惜义渡船只及用具，不准私揽超载，拾到钱物交公，顺道救生和出满勤奖励。要求司事永葆慈善之心，不领薪水，不支车马费，守职尽责，经营账目，笔笔清楚，日清月结。要求董事模范遵守府具颁发之饬令，不得越权将义渡船移作他用等。还规定，“对渡江面遇有危急之船，顺道救护”，“除救生局例赏外，仍由本局按救活人数每人另赏钱壹千文”。如有捞获衣物等件，要点交原主，无主则点数存局招领。

为表扬瓜镇义渡利济行旅、崇善尚义的义举，同治年间的两淮盐运使方濬颐写了《京口义渡记》。清代镇江籍诗人、文史学家谢庭兰写了《京江义渡记》和《待渡亭记》。清代《京口三山志》的作者、在焦山办理红船救生40年的陈任旸受曾国藩之请，专门写了《瓜镇义渡局记》，对瓜镇义渡总局的善举做了详细叙述。

「镇江焦山寺」

镇江焦山寺中的焦山碑林，至今还保存有反映古救生活动的四块石刻，其中就有三块记载了瓜镇义渡局的慈善义举。他们分别是《京口创设义渡碑记》、《瓜镇义渡总局章程八条》、《镇江府瓜镇义渡禁约告示牌》。

清代“京江画派”的殿军人物周镐，曾经绘有《京江二十四景画册》，其中一幅《京口救生》反映了京口救生文化。该画生动地再现了始创于宋朝乾道年间、至今仍保存完好的古救生会遗址以及等待出航的红船等。《点石斋画报》中也有一幅《太湖救生》画，生动地描绘了创建于光绪初年的苏州救生局在一次太湖大风灾中奋勇施救遇难船舶的情景。

武汉善堂　济世渡人

明末，结社运动兴盛。为解决社会问题，士绅阶层纷纷奔走。为激发善心，纯化风俗，迎来生机，社会精英人士纷纷成立“同善会”，成为此后民间慈善组织先锋。清末，民间慈善组织善会、善堂进入鼎盛时期，武汉善堂最多的时候达到近 300 家，直至 20 世纪初才逐渐衰败。

在 1986 年重建的汉阳晴川阁中，立有两块刻于清道光十九年（公元 1839 年）的敦本堂石碑。石碑高 3 米，宽 1.5 米，其中面对长江的一块为“敦本堂题名碑”；另一块紧贴其后，为“敦本堂碑记”，两碑合称为“敦本堂碑”。由于年代久远，风雨侵蚀，碑文多已模糊不清，但“敦本堂碑记”上的“总督湖广等处地方政务兼理粮饷周天爵撰文”、“宛平县举人江开书”等字迹仍清晰可辨。周天爵时任湖广总督。这两块石碑证明，在1839年，在长江中游的武汉，曾经有一个活跃了近百年的民间水上救生组织——敦本堂，是长江救生善举的见证。

「汉阳晴川阁」

敦本堂的创始人名叫胡晓岚，字德明，号东海老人，是江苏江都（今扬州）人，嘉庆、道光时期的商绅，长年侨寓汉口。胡晓岚善于书法，曾书写了劝人布施阴德之文《梓潼帝君阴骘文》，并刻石于汉阳晴川阁。

清道光三年（公元 1823 年），平生乐善好施的胡晓岚，筹资命其子胡元与盐商姚必达等武汉地方商绅，在晴川阁创办了敦本堂。

作为民间公益组织，敦本堂设有救生局，从事长江和汉江水上救生及安置难民，“以补官设救生所未逮”。

敦本堂配置的救生船，长三丈八尺，宽二尺二寸，木质翘尾，构造轻巧，船桅上悬挂着三角黄旗，旗上绣有“敦本堂救生”字样。因船身、船桨、船篙皆涂红色标记，故俗称“红船”。红船除了救助翻沉船只和溺水人员外，还负责尸体与物资打捞等。

「旧时长江与汉江的汇合处的龙王庙码头」

当年，汉江北岸靠近入江口即龙王庙一段，为江河汇合处。为方便两江航行的船舶在这里沿江上溯和下行，人们想在这里修建一个码头。乾隆四年（公元 1739 年）建起了龙王庙码头。

由于两江口水流湍急，形成一个巨大的漩涡，码头上根本无法设置趸船。于是人们就扎起一个很大的木簰，再用粗大的铁索固定在岸边。木簰外可以泊船，木簰内用木跳板连接岸上。叶调元在《汉口竹枝词》里对此有形象的描述：“龙王庙口汉江连，急浪惊泷似箭穿。水果行开飞阁上，渡江船舣木簰前。”他还在诗后作了批注：庙在汉江交应之所，陡岸飞流，不能停泊。有木簰数丈，广半之，用木簰、铁索系于江岸，外以泊船，内以长跳接岸，李祥兴力也。水果行聚集于此，飞阁凌空，货物山积，燕巢幕上，居危若安。从龙王庙码头的状况，可见两江口水流的湍

「今汉口龙王庙码头」

急，船舶航行的艰难和危险。

据《续辑汉阳县志》记载："敦本堂在晴川阁左，道光三年（公元1823 年）绅商捐建，时以江上风浪险恶，船多覆溺，特设救生船数只，无风则泊晴川阁禹功矶下，有风则游弋巨浪中，遇有不测，驶往拯救，积年以来，救活无数生命。"

"敦本堂救生局堂址位于晴川阁，配备有红船二只、义渡船二只、救护小船（俗称划子）二十只，日夜驻守，抢救遇险船只和溺水的人，并提供急流义渡"。

清代诗人叶调元在《汉口竹枝词》中，生动地描绘了敦本堂红船救生的情形："大江浪起白头鲜，划子随风一叶颠，数只黄旗桅上挂，往来游弋救生船。"

据光绪年间编撰的汉阳县志记载，敦本堂设立之后，"计行之十有七年，活人四千一百三十二，收瘗浮尸六千九百五十五"。

为鼓励褒扬行善义举，敦本堂对勇敢赴险救生者论功行赏。为使获救者不因冻饿而死，敦本堂还及时施舍衣物和食品。对于不幸遇难者的尸体，打捞后当即置棺入殓，并安葬在五里墩、七里庙、十里铺、梅子山、龟山等地的义冢中。

自敦本堂救生局开设救生红船后，同治二年（公元1863年）夏口（汉口）敦实堂救生局也设置了救生红船。及至同治八年（公元 1869 年），武汉地区又有培心堂、培元堂、益善堂、永安堂等民间善堂在（长）江汉（水）分段游弋，从事水上救生活动。

《续辑汉阳县志》中记载，清同治八年（公元 1869 年），江夏（今武昌）、夏口（今汉口）的衡善、永安、敦实、益善等善堂，分别设置了救生红船，在江汉两水分段游弋，于水深湍急之险段日夜监守，以及时对遇险船只施救。

「旧时汉阳琴台」

据说，武汉善堂的水上救生，延续了百余年，直至1937年抗战前止。

说完汉阳的敦本堂，再说武昌的衡善祠。

从武昌民主路附近一条不足两米宽的小巷子进去，就可以看到一株5层楼高的泡桐树。在树下高约八九米、用青砖垒成的牌楼上，可见“衡善祠”的字样，这是衡善祠留下的唯一历史遗迹了。

衡善祠建于晚清。在留下的建筑里，尚存有1864年12月钦差大臣太子太保文华殿大学士某某，令衡善祠主事募劝各官商民捐的记载。

「 旧时武昌街市 」

明清以来，武昌汉阳门内的区域集中分布着湖北省、武昌府和江夏县三级行政机构的衙署，官办和民办的各类慈善组织均在此选址。据清代同治《江夏县志》记载，“衡善堂建府院街”。

衡善堂的主要工作是救助和教化，包括救济鳏寡孤独等弱势群体，同时也参加救生、修建堤防等公益事务。光绪十六年（公元1890年）正月初九的《申报》报道：“天气严寒，道途泥泞，崖洞中所栖丐子，不能出而求食，幸各善堂日煮双弓米挑送各处济之。”记录了当年武汉寒冬，善堂施衣施粥的活动。

由于地处长江边，衡善堂的职责也与其他善堂有所不同。除了救济乞讨者外，衡善堂还参与水上救援和扑灭火灾等工作。

> 衡善堂不仅仅拥有自备的救生红船，还拥有自己的码头。

《武汉市志·城市建设志》记载：清末民初，汉阳门繁殖出了五个码头：汉阳门上码头、汉阳门中码头、汉阳门下码头、煤驳码头和衡善堂码头。

一块石碑上的碑文证实了衡善堂水上救生活动。碑文在介绍了衡善堂水上救生事业的背景以后，还晓谕民人：遇风狂浪涌，禁止渡江，慎勿冒险；遇有险情，救生船水手等务须实力救援，不得稍有疏忽；如有不肖之

「 汉阳铁门关 」

徒借端滋事，严惩不贷；该堂船只为救生而设，兵勇人等不得强掳……这碑刻史料，反映了善堂的运作情况，也反映了官府与民间善堂的关系。

武汉善堂的救助在一定程度上缓解了社会矛盾。教化是慈善活动的落脚点，有些善堂直接以敬节、恤嫠、慈幼等为名，这些都反映了对传统伦理道德的提倡。美国学者罗威廉在其著作《汉口：一个中国城市的冲突与协调（1865—1911 年）》中称，善堂是 19 世纪后期城市社团中极其关键的机构，它代表了地方社会创造精神在公共福利方面的胜利，“代表着一个世纪以来城市自助的革新达到了巅峰，也为城市社团奠定了制度性的基础”。

「 旧时汉口善堂 」

个体救助　崇善尚义

水上人命救助，不仅仅只是一种行为，千百年的传承，使它成为长江航运史上一种独特的文化现象。

随着社会经济的发展，航运在经济社会中的作用越来越重要，从业人员也越来越多。在水上运输中，洪水掀起的波浪会颠覆船只，吞噬生命。枯水时江河水位不足，礁石裸露，船只又容易触碰明滩暗礁，行船人都渴望能够出行平安，顺利回家，希望在遇到危难时能够及时获得救助。在河道条件、自然条件、气候条件的影响下，驾船人这些最自然、最普通的期盼，很多时候却往往无法实现。在强大的自然力面前，个人显得非常弱小，没有人是不需要援助的。对生命的敬畏和珍惜，使人们在自救与互救的过程中体会到行善积德、救死解危是施、受双方的共同需要。“救人一命，胜造七级浮屠”，救死扶伤成为优良传统而得到传承。

「 被誉为“长江三峡活化石”的老船夫谭邦武 」

在湖北巴东县官渡口镇口的一个山坡上，立有一个双人墓。墓主是被誉为长江三峡活化石的老船夫谭邦武。

墓碑上刻有碑文 112 个字。其中写道：“预登墓主，谭公邦武。世居官渡，操舟摇橹。年仅十六，身任驾主。一桅樯帆，风雨无阻。上至渝州，下至汉口。出入惊涛，穿越险谷。出入惊涛，穿越险谷。七十余载，竟无事故。”

「 谭邦武老人生前自撰的墓志铭 」

由谭邦武老人生前自撰的这段墓志铭，是对老人生命痕迹的纪念，不仅朴实生动地记载了老人安身立命的生存状态和情感世界，也记录了三峡船夫的艰辛历史和顽强的生存意志。碑文中还记载了老人救生、救人的不凡事迹：“运送救生，勇敢趋赴。八十有五，尚救一女。艺高胆大，远近叹服。”

官渡口镇地处长江西陵峡畔，水陆交汇，是历代川鄂大道和古驿路在巴东境内的一个交会点，也是长江巫峡和西陵峡的分界线。

在巫峡深处的火焰石绝壁上，有横、直、斜三条铁链，99 个链条铁环和链条下的33步石级，是父辈们拉纤的必经之地。对三峡的男人来说，长江就是男人的世界。世世代代以三峡为生的船工，在官渡口镇有很多。他们大多生在水上，也死在水上，一辈子穿行在峡江的风浪中。

谭家世世代代以三峡为生，驾一叶帆船出入三峡。谭邦武老人就生在三峡的渔船上。孩提时，常游到江对岸，在山壁处看纤夫的拉纤过滩的情景。不到 10 岁，便随镇上有名的“船老大”父亲上船，开始学习驾船。风里来，浪里往，掌握了高超的驾船技术。“年仅十六，身任驾主”。上至重庆，下到上海。“一桅樯帆，风雨无阻”。

老人一辈子在峡江谋生，在惊涛骇浪中救了不少船舶翻沉，落入江水的人。在85岁高龄时，竟然还救起一落水女子。救生一事被老人刻入墓碑，可见老人对生命的尊重，对救人的看重，并引以为傲。

「谭邦武老人生前在他的双人墓前」

高峡平湖，沧桑巨变。随着葛洲坝、三峡大坝的兴建，西陵峡已是清水一潭，波澜不惊。现在，谭邦武老人已如愿以偿，长眠于生他养他的西陵峡畔。官渡口镇上那座双人墓上的碑文，铭记了一段不能忘却的峡江航运史。峡江船夫顽强的生存意志，不屈不饶的闯滩精神不会因为江河巨变而消亡，他们对生命的尊重，对水上救生的看重以及救死扶伤的优良传统，也不会因为江河巨变而改变。

汉阳的鹦鹉洲，古代曾是长江流域最大的竹木交易地，这里大多数人在水上讨生活。驾船的，放排的，拉纤的，做脚夫的，长年与江河打交道，在风浪中谋生计。当年的鹦鹉洲，水上事故比较频繁，水上救援也很寻常，而且全是义务的，洲上的青壮年几乎都参加过。救人为大，人们觉得这是理所当然的事。

古代鹦鹉洲，位于汉阳县城西南的长江之中，南北长约 6 千米，东西宽约 1 千米，面积约 6 平方千米。

鹦鹉洲因东汉末年才子祢衡写的一篇“锵锵戛金玉，句句欲飞鸣”的《鹦鹉赋》而得名。历代不少名人，“藏船鹦鹉之洲”，纵观大江景色，留下了很多诗篇。其中唐代崔颢的“晴川历历汉阳树，芳草萋萋鹦鹉洲”、李白的“烟开兰叶香风暖，岸夹桃花锦浪生”、孟浩然的“昔登江上黄鹤楼，遥看江中鹦鹉洲”，这些传诵一时的佳句，更是让鹦鹉洲名噪天下。

鹦鹉洲之所以成为长江流域最大的竹木交易地和湘鄂赣皖蜀物资集散地，与大批湖南人到汉口有关。

旧时汉江北岸的汉口镇，是个五方杂处、商贸繁华的商埠。清嘉庆中叶，在汉口的湖南宝庆帮中，出了个叫何元仑的青年。他聪明干练，文武双全，很快得到汉口湘籍商贾的信任。被推举为头领后，他运用智谋和手腕，从外省商贾集团手里取得了汉江码头控制权。清咸丰年间，宝庆府在汉商人建起了“宝庆五属同乡会”会馆，推举何元仑为会长，并在会馆附近汉水出江处的集家嘴，建起自己的专用码头，即宝庆码头。

「 旧时汉江北岸的汉口镇 」

后来，到汉口的湖南人日益增多，见汉口已十分拥挤，湖南帮遂朝汉水南岸的汉阳发展，且多经营竹木业。汉阳鹦鹉洲上，居民逐渐逾万，其中多是与竹木簰筏一起来的湖南人。这些人起初只是在此做生意，以后便陆续在此安家。有些簰工也上了岸，安了家，有继续在这一行当里谋生的，也有少数人改做其他的。一个簰工在这里安家落户，便会有更多的亲眷朋友跟着来，洲上的湖南人也越来越多。鹦鹉洲最鼎盛时期，经营竹木和与此相关的各类商号不下一两百家，形成包括宝庆籍在内的长沙、衡阳、西湖、东湖五府十八帮庞大的商业民居群落。

湖南的竹木从产地选材、扎簰、运到鹦鹉洲销售完毕，一个周期大约需要二至三年。如十八帮之一敷溪帮的竹木，先从敷溪扎成单层小簰，顺流漂到资江，再扎成约三尺厚的多层大簰。木簰到洞庭湖后，需根据江湖的水情和市场的行情，再决定什么时候再度起程。在长江水量丰沛且不是洪水泛滥时，才与其他木簰成群结队地从洞庭湖漂出，进入长江，顺流而下到达汉阳鹦鹉洲。

「洞庭湖风光」

因为运输周期和销售周期较长，不可知和不确定因素很多，到岸的木簰便首尾相接地靠泊在鹦鹉洲边。再后来，后续到达的木簰不便在其上下游方向紧挨靠泊，便依次靠在排筏外档，即靠江心一边。越到后来，越向外，渐渐地形成一个很宽的“水上平台”。当一块木簰因卖出而拆掉时，它留下的一个“空档”，马上就会被后到的木簰填补。所以，这个“水上平台”会长期存在。

由众多竹木排筏组成的“水上平台”，上下相连达上十里，宽则一直到江心。它既是长年在木簰上生活的驾簰人脚下漂浮的“家”，也是一道水上屏障，它能截住从上游顺流而下的各种漂浮物，也能救助那些大难不死的落水人员。在洪水季节或风急浪高时，总会有簰筏被冲散，船只被掀翻。那些落水的人如果能顺水漂浮到鹦鹉洲，往往就能被簰筏上的人所救助。在那个“行船走马三分险”年代，不知有多少人被这个水上屏障救起。

「驾簰人脚下漂浮的木簰也是一道水上屏障」

鹦鹉洲民间个体义务救生就是从这里开始并传承的。

不管白天夜晚，只要有人发现江上出了事，就会喊起救人号子。救人号子最先由值守的簰工发出，“哦嗬，哦嗬，哦嗬嗬……”的呼号声，很像湘西的山歌调。前两声短，后一声拖长，连续呼喊，表示江面有事，需要立即施救。

由于江面开阔，隔得远的人听不见。当第一人发出呼救号子后，第二个听见的人会接力传递，一直传递到岸上的人都知道。岸上的人听到后，会齐声呼应“哦嗬，哦嗬，哦嗬嗬……”在这一呼一应中，各家的男人扛起竹竿就跑。竹竿顶端有铁钩，专门用于救人捞物。码头上的人也停下活计，冲向出事处。此刻“哦嗬嗬”的呼喊此起彼落，人不救上岸，财物不捞上岸，呼喊声不会停歇。鹦鹉洲的老人回忆当年水上救人的事，说打起“哦嗬”来，连鸦片鬼都有劲了！

鹦鹉洲上，还有自发自助、非盈利的民间救助组织，主要面向水上救助。参与人员都是义工性质，全天候救助。

救助组织的救助资金，一般来自于从打捞的沉木和那些因出事漂散的浮木。木材上有火印的浮木，被看作是“有主木”。若货主来认领，按木材价值1~2成收取费用后，木材归还货主，收取的这笔费用即留作救助。若暂无失主认领，须存放三年然后处理。三年后若有失主前来，但木材已经处理了，则由商会协调酌情赔偿。沉木不管有无火烙印，一律作无主木处理。即将木材转售各商行，商行将货款转入救助会账目。

此外，救助会也接受商家的小额现金捐款、居民的自发捐物、教会的无偿医疗援助等。捐赠物资都用于被救对象，现金则用于被救者作住宿、膳食、回家路费等。

鹦鹉洲“码头”多，五府十八帮各管各的码头，界限分明，不可越雷池一步，唯独救人不分界限。不管码头，不问帮派，只要江中有落难者，救人就是最大的事，谁的码头都可以上，哪个帮的人都得上。在岸上也是一样，每家商号也不会责怪因救人而误工的伙计。

人命关天　官方救助始于明清

官方救助见于史书，是在中国明代。为减少船舶遇难的后果和影响，一些地方官员开始在川江险滩设置救生船站和救生木船。

官方救助见于史书，是在中国明代。

明清时期，中国政治经济重心南迁东移，四川东南部地区经济发展加快，川江航运地位越来越重要。随着进出川江船舶的不断增加，水上事故也越来越频繁。为了减少船舶遇难的后果和影响，一些地方官员开始在川江险滩设置救生船站和救生木船，专门抢救遇难船只。这些救生木船小巧轻便，船首画着鹢鸟，船尾翘起，船身、船桨、船篙都涂上红色，水手们也身穿红坎肩，故人们称其为“红船”，它就是世界上最早的官方专职救生船。

红船穿行在川江险滩恶水之间，救船民于风口浪尖之上，在长期的救助活动中，逐渐形成了一整套制度。因救生船涂刷红色为标志，故史学家称其为“救生红船制”。

川江红船　护航救生

川江救生红船第一次进入欧洲人的视野，是在1900年的12月。

这一年的12月27日，德国轮船“瑞生号”在川江西陵峡崆岭滩触礁沉没。当时上海一家颇有影响的英国报纸《字林西报》在描述“瑞生号”轮最后下沉时，有一段文字提到了川江救生红船。报道说在非常紧要的关头，在离“瑞生号”轮不远处的江面上，突然出现了几只救生船。救生船以最快的速度靠近“瑞生号”。救生船的出现，使绝望的人们看到了一线生的希望。但救生船要贴近正在下沉中的“瑞生号”轮也并非易事。当这些救生船好不容易靠近时，便有人迫不及待地从倾斜的船体上跳下来。有人因为惊惶失措，不幸跳到水里，沉入江底，有人被救生员救上了小船。

虽然现在人们难以弄清当时救生红船究竟救了多少人，虽然“瑞生号”最后并没有挽回倾覆的命运，德籍船长布里台格和12名乘客遇难，但对于载有百余中外乘客的“瑞生号”来说，救生船是发挥了重大作用的。

这艘外国轮船在长江三峡的沉没，在震惊了中外的同时，也让世人看到了活跃在川江的救生红船。

第一次驾驶轮船从宜昌到达重庆，首开川江航运先河的英国人阿奇博尔德·约翰·立德乐，到过世界许多国家，见多识广。他在中国生活了几十年，多次航行于长江。他根据自己亲历所著的《扁舟过三峡》在英国产生重大影响。他这部书中写道："扬子江救生船网是我在中国遇到的唯一职守的官府结构。"

1899 年，22 岁的德国弗瑞慈·魏斯第一次到中国，先后任德国驻重庆、成都领事馆领事，他和夫人海德维希在中国生活了 18 年，直到 1917 年离开中国。他拍摄了很多巴蜀和云南 1899—1917 年的自然、社会和人文照片，记录了当年中国的场景。1904 年，弗瑞慈·魏斯第一次游历长江。1911 年，他们从宜昌乘坐木船上朔重庆。他在日记中写道："我们的船缓缓前行，逆流而上。两岸的悬崖峭壁就像舞台上的布景一样徐徐拉开，眼前的画面一幕一幕壮观美丽……我们的小船在夹缝中蠕动，显得如此渺小，只得听从摆布。江水千万年在崇山峻岭中奔腾而过，主宰、统治着一切，而人类只能无奈地将生命寄托于它。耳边江水的轰鸣，让人开始相信江底潜伏着充满力量的巨龙。江风的呼啸又让人疑有魔鬼在嬉闹。"

「弗瑞慈·魏斯和夫人海德维希在前往重庆的船上早餐」

其实，早在明代末年，川江上就有了救生红船。

清光绪二十七年（公元 1901 年）本《归州志·周昌期传》记载："州西二里黄魔神庙前曰吒滩……春夏水涨，漩如鼎沸。舟入漩中立碎。昌期至。捐置救济船二。尝一月，活五十人。州之有救济船，自昌期始。民感之至今。"此事报到朝廷后，《清会典事例·工部·船政》才有了归州救生船的记载。

周昌期是明天启四年（公元 1624 年）归州（今秭归县）刺史。他在

《修黄魔神庙记》中写道：北宋年间，寇准在任巴东知县时乘船经过归州，在叱滩遇险。危急时有神现身，跃出水面，说是“公有大德，特来相救”。寇公问：“何神？”答曰：“我黄魔神也。”后来，寇准回朝升任了宰相，他不忘此神救命之恩，就建造黄魔神庙祭祀。

「1911 年川江边的寺庙」

黄魔神庙最早建于唐代。相传在唐代咸通年间，汉朝名相萧何之后萧构出任播州（今贵州遵义）司马。一天途经归州叱滩时，雾重水大，流急浪高，危险万状。船工惊慌无措，跪在船头求龙王饶命。忽有一赤发黄须、碧眼黄面、身穿黄金甲的神人，踏着波浪出现在船头，大声喊“萧司马休要惊慌，吾乃屈公（屈原）好友黄魔神也，今特地来救你脱难”。言毕，抓住船头，踏着江水，奋力上滩，很快使他们脱离危险。随后，雾渐渐散去，黄魔神也消失无踪影。三年后，萧构回京出任宰相，再次经过归州，想到黄魔神当年救命一事，捐出俸银，在归州西修建了黄魔神庙。

归州古城地处长江西陵峡畔，背靠巍峨耸立的卧牛山，隔江相望是雄伟挺拔的笔架山，东有常年云雾缭绕的楚台山，西有壁立千仞的八学士山，为“控巴蜀之咽喉，扼荆楚之要带”，是长江中上游的交通要镇。

传说中的萧何之后萧构和寇准是否途经归州叱滩而遇险，是难以考证的，但是归州叱滩之险，却是实实在在的。

「长江西陵峡畔的归州（今秭归县）古城」

「昔日归州城下的“九龙奔江”」

吒滩就在归州城下江边，俗称“九龙奔江”，是一个凶险的礁石滩群。所谓“九龙奔江”，是指归州城下江面自然形成的九道石梁，它是归州城的天然屏障。这些由巨大怪石群组成的石梁，由西向东没入水中，成阵势排列，如同呼啸着的九条巨龙，传说是九兄弟的化身。

「“九龙奔江”石梁上的“雷鸣洞”石刻」

九道石梁还如一道道石门，想锁住奔腾东下的川江。江水遇此阻隔，流速顿缓，形成一个水库般的回水区。然后江水从石门倾泻而下，发出雷鸣般的吼叫，咆哮着向东直奔西陵峡的兵书宝剑峡。其中一道石梁的背上，凿有一个直径约 3 米，深 6 米的圆形石洞，当地人叫“雷鸣洞”。乾隆辛卯年（公元 1771 年），荆南观察使李拔在此石梁顶上一个直径约 1.7 米的褐砂岩上，题刻了“雷鸣洞”三个大字，落款小字为“乾隆辛卯”“巴蜀李拔”。

「“九龙奔江”石梁上的拴船孔」

《秭归县地名志》记载说，每到春夏，九道石梁处“水涨盈满，鼓浪翻波，漩如鼎沸，过往客商船工，即轻舟快楫，误落江心，十无一全，逐年坏船，死者不可胜数”。元朝时，为分流江水，降低行船风险，人们就在雷鸣洞边开凿了一个口子，让江水从此通过。由于口子开得太小，水上事故依然频发。明代万历已酉年（公元1609年），知州张尚儒组织人力在雷鸣洞下游开凿了一个长七丈五、宽七丈、高二丈六的一个大漕口。工程完成后，张尚儒曾题诗一首，刻在漕口两壁岩石上。诗曰：“江挟山兮两水滦，波声激磕着雷鸣。千层怒浪莲花漩，万斛行舟鸟羽轻。洞口石开消急湞，瓮头人过得余生。孤城更喜天门辟，举首常瞻叔度名。”

吒滩是因叱溪而得名的。

叱溪发源于湖北兴山县西南的龙门河。这条小溪落差很大，常年冲击鹅卵石，发出似人狂叫乱喊的声响，故人们称之为“叱溪”。

叱溪从长江北岸的水田坝流出来，一直流到九龙奔江的石梁边，与声如雷吼的川江汇合在一起。

「归州城下的天然港湾是过往船只的停泊处」

在没有公路的年代，川江是归州交通的主要依靠。好在江水在归州城下形成了一个天然港湾，古代入川的船只一般选择在此靠泊，休息整顿，为通过凶险的吒滩做充分准备。

吒滩之险恶，险在因九道石梁扰乱的水流。南宋范成大的《吴船录》记载：“吒滩即人鲊瓮，亦名黄魔滩。长石截然据江三之二。五六月水势喷薄，声若雷霆，为归峡最险处。”江水中布满暗礁，形成暗流，处处暗藏杀机。历史上，这里不知发生了多少船毁人亡的悲剧。

「西陵峡礁石上磨出的累累纤痕」

为救助那些可能在吒滩遇险的人，明天启四年（公元1624年），归州刺史周昌期捐资建造了两艘救生船，停于吒滩，随时救助遇难船只和船夫。据相关记载，救生船守在险滩周边后，既能为过往船只提示吒滩之险，警示其谨慎驾驶，也能为船夫壮胆，在精神上安抚他们，减轻船夫的过滩压力。

弗瑞慈·魏斯夫妇在三峡，也亲眼看到并拍下了川江红船。他们记载：川江救生红船，涂成红色，很远便可见。

康熙十五年（公元1676年），荆宜分巡道李会生、归州知州邱天英，在归州境内的上八斗、下八斗、吒滩、石门等四处都设置了救生红船，每船雇请六名精通水性的水手。每逢船翻人溺，救生红船及时出发，救活了很多遇难者。之后，归州境内的牛口、泄滩、新滩、崆岭滩等四处，又增设了救生站，每处配置一只救生船。当时，归州的救生红船队伍已粗具规模。

「弗瑞慈·魏斯拍摄的救生红船」

相对而言，清代对川江水上公益救生是比较重视的，川江救生红船是公益性质的，朝廷没有将水上救生、捞浮、收尸完全推向社会和民间，也没有将水上救生作为商业救护而直接向沉溺者收取救护、打捞费用，还给获救者发路费，对沉溺者无偿提供棺木、义地、掩埋并立碑，并按时祭扫无名尸的坟墓，等等。

那么，川江救生的经费又从何而来呢？救生经费来自朝廷和盐税。归州境内的水上救生站、救生红船的打造和红船水手的开支，就是由归州署造册付给。清雍正七年（公元 1729 年），归州升为直隶州，直属湖北。清政府在香溪开设盐局。川盐经川江运到香溪后，再转销秭归、兴山、房县、保康等地，每年销量 1400 余吨。于是，为运盐船只引航、施救，保证其安全抵港，成为当时归州救生船的一项特殊任务。归州署明确规定，救生船所需经费部分由盐务公项下列支。从这个时候起，盐税就成了救生船所需经费的一个渠道，稳定而有效。

清光绪二年（公元 1876 年），原山东巡抚丁宝桢出任四川总督。他途经长江三峡时，曾亲眼看到过三峡舟覆人溺的惨状。次年，他捐白银一万两，六千两给四川，四千两给湖北。当时湖北的巡抚叫翁同爵，是晚清军机大臣、光绪皇帝的老师翁同龢的亲哥哥。为扩充救生经费，这位巡抚大人想出了一个“钱生钱”的主意。他指令将这四千两银子交“金霤台”入典升息。

「1911 年的川江船工和纤夫」

翁同爵还行文委托宜昌镇总兵贺缙绅，督造大小红船 15 只，连同“培元堂”等处的 4 只红船、2 只摆江划子，使救生船达到 21 只。贺缙绅办事认真，也很有魄力。清代沈云骏在《峡江救生船记》中有记载，说贺缙绅"亲巡险要，就泊红船……每申令麾下士卒，谓行舟猝遇暴风，撞击巨石，必以救人为急，次及货物。敢有乘危匿货，诈伪索谢者，重惩无宥"。

清光绪八年（公元 1882 年）七月，湖南提督鲍超携家眷回四川奉节省亲。当时正值川江汛期，水大流急。船行至巫峡时，在一个名叫"鸡冠石"的急流处翻沉遇难，两个儿子被漫江洪水淹死，他本人侥幸脱险。鲍超老年丧子，悲痛欲绝，此事震惊了川鄂两省的官员。当月，回到京城的鲍超上奏皇帝，力陈川江险恶，请求增添救生红船。八月初二，清廷内阁就奉上谕在鲍超的奏折上作了批示。川鄂两省遵旨照办，雷厉风行。自此，发端于明朝的川江救生红船事业，在清朝得到更快、更大的发展，进入鼎盛时期。

《中国三峡文化》的作者根据《峡江滩险志》和清代有关的府志、县志，整理出了清代川江红船清单。在这份清单里，在四川江安县至湖北东湖县（今宜昌）900 多千米川江航道上，曾先后设置红船 74 只，设置在 76 处滩险之地，共有水手 423 名。据此推算，平均 12 千米就有一只红船，可见当时川江红船之密集。

绝大多数的险滩设 1 只红船，少数险滩设两只。特别险恶的西陵峡红石滩，红船竟有 7 只之多。每只红船配水手 6 名，其中篙师、舵手各 1 名、桡工 4 名。根据需要，少数红船也有配 2 名、4 名、8 名水手的。

清末，李鸿章胞兄、湖广总督李翰章在评价峡江救生船时说："予尝以此水急滩险，为行旅病，今无忧矣。"

清末，由于公益救生体系在社会运作中的重要地位，救生水手成为收入相对较高的衙役，家族中不断有人加入，救生人员相对稳定，有的红船水手向县衙虚报水上事故，套取救助资金。县衙上报更高一级的宪台和臬宪的清册，虚报更为严重，以至川江救生红船公益制度在清末"额设救生船日久弊生，有名无实"。1911 年，清朝灭亡。民国初期，川江救生红船实行川、鄂两省"分局管理制"。湖北在宜昌设立"经管局"，由省指派专人管理，所需经费在地方船捐和地捐中列支。由于木船减少，地方船捐经费不足，救生红船慢慢失去了赖以生存的基础。1927 年，川、鄂两省都因经费不足，川江救生事业难以为继，红船逐步减少。始于秭归的川江红船，历时 300 多年后，也终于秭归。

渡口红船　护渡救生

镇江西津渡救生会是古代的社会慈善机构，专门从事长江镇江段各种船只和渡江人的水上救护。作为世界第一个水上救生组织，它 2001 年获得联合国科教文组织亚太地区优秀遗产保护奖。

首次见诸于史册的官渡和救生性质的渡船，是镇江的西津古渡。

2011 年 8 月，“2011 年世界海上人命救助大会”首次在中国召开。8 月 29 日，来自世界各国救生机构的 50 名代表来到镇江，参观了西津渡以江上救生文化为核心的救生会展示馆。代表团一行重点了解救生会的发展历史，详细询问每一个细节，体会传承了千年的救生精神。对代表团的此次西津渡之行，媒体称之为一次弥足珍贵的水上救生“寻根”之旅。

「世界各国救生机构的代表参观救生会展示馆」

在镇江西津古渡石佛塔的右侧，有一幢普通的清末建筑，门楣上镶嵌着三个苍劲有力的大字——“救生会”，落款是“光绪乙未冬重修”。走进大门，是一座六角凉亭，一转弯便是一栋总面积不足 200 平方米的两层楼建筑，楼对面是三开门面的平房。这就是名扬四海的镇江西津渡救生会旧址。

镇江西津古渡形成于三国时代，到唐代已具有完备的渡口功能。它地处长江与京杭运河的“十”字交叉点上，对岸就是声名远播的瓜洲古渡，一直为我国南北水上交通和漕运枢纽，发生过众多政治、军事、经济、文化、宗教重大历史事件，至今还保存着自唐朝以来的历史文化遗存和成片的传统民居。

「 西津渡救生会旧址前的元代佛塔 」

据《镇江志》记载，隋唐以前，镇江江面宽40多里，到唐代还有20多里宽，江阔水险。加上当时金山屹立江中，附近江水多漩涡，尤为险恶。每每风起浪涌，船工和渡客的呼救之声格外惊心动魄。历史上曾发生多次沉船人亡事件。“每遇疾风卷水，黑浪如山，樯倾楫摧，呼号之声惊天动地”。唐天宝十年（公元751年），江面风浪大作，致使数十艘来不及避让的渡江船倾覆于江中。鉴于西津古渡水上交通地位，唐代宰相李德裕在任江浙观察使时，便加强了对西津古渡的管理，曾在渡口设置专职，派兵丁巡逻守护。

「 今日镇江西津渡 」

到了南宋乾道年间，随着西津渡水运的繁忙，渡船遇风浪沉没的事件也时有发生。一次，一只载有40余人的渡船离岸驶向瓜洲。但船还没有到金山，就被风浪打翻，旅客和篙工无一生还。活生生的惨剧让当时的镇江郡守蔡恍寝食不安，他决意在镇江建立一个水上安全救助机构。

于是，蔡恍组织工匠建造了5艘抗风能力

很强的大型渡船，各船分别竖立“利、涉、大、川、吉”作为标志。“命置巨舫五，仍采昔人遗制，各植旗一，以‘利、涉、大、川、吉’为识，并植旗一”。

为了让过往船只准确识别救生船，以便尽快抢险救人，救生船的船体都涂刷红色。这样，即使在大雾弥漫的天气或狂风暴雨里，人们也能老远看见它，为它让路。

摆渡红船限定载客人数，并“身兼两职”，既渡人又救人。这就是首次见诸于史册的官渡和救生性质的渡船。从此以后，西津渡口很少发生人命事故，即便水上救急，百姓也不再担惊受怕了。

到了元代，战事纷乱，污吏横行。西津渡口监渡官吏中，有人滥用职权，敲诈勒索，渡江人被迫取道私渡。而一些私船主大多为无业游民，索财更是心切，手法毒辣无比。他们往往在渡客船航行到江心，故意停航，任凭水流漂移，胁迫渡客交钱。一时间闹得人人自危，人心惶惶。

元延佑至泰定年间，镇江路总管段廷圭为彻底改变西津渡口的混乱状况，在西津渡新增救生渡船 15 艘，每船配备艄工 1 名，水手 9 名，要求竖立旗号，并标明艄工的姓名，接受老百姓的监督。他下令，路、县级正职官员必须亲自到渡口巡检，10 天轮流一次，严查私渡小船。他还规定，各渡船摆渡费由官方统一收取，并派出巡逻船常年在江面上监督，发现官方渡船不插旗号，私收渡费，就严加处罚，对私渡船则予以坚决打击。

泰定二年，段廷圭又果断地取消了历年来设在码头上的“监渡员”，根除了滋生渡口贪官的土壤。泰定三年（公元 1326 年）十月，他又采纳了镇江同僚的建议，取消了西津渡官渡船的船票，受到了百姓的拥戴。

明正统初年，江西吉水人周忱在被任命巡视淮安、扬州盐务，以整理那里的盐课拖欠。他曾下令在西津渡打造两只救生专用船，并向社会招募水手 30 余人驾船济渡救生。他还亲自率领民工修建西津渡石堤，使救生船直抵码头，大大方便了渡客登船。

公元 1707 年，康熙皇帝南巡时，下榻扬州茱萸湾行宫。他看到镇江

「 康熙皇帝画像 」

渡运繁忙，认为现有救生船不够救生之需，特召见镇江知府冯庭棠，面谕：“镇江江口救生船只最关紧要，今为数不多，速应添设。”冯庭棠知府“乃选京口渔舟六十余只，日用其六，更番应调”。“每船日给工食一钱”，“活一人予一金，死者三分之一”。镇江知府冯庭棠又发动募捐，购置义田五百亩，以其岁入给工费犒赏，有余则储为来岁之用。

除官渡外，地方有些机构也建造渡船，以弥补官渡的不足。如扬州的盐院，就建有 47 只救生济渡船。道光四年，裁革 17 只。水师协镇派拨 8 只缉私，12 只设置在金山、焦山和仪征，所余 10 艘均拨归瓜洲救生分会，为长江北岸救生之用。

到清朝末年，焦山救生总局成为与京口救生会齐名的享誉长江的水上救生组织。

清代晚期，由于两江总督曾国藩的参与，焦山的民间救生活动逐渐演变成为官办救生组织。太平天国运动之后，由于焦山救生局的章程规定救活一人给钱 800 文，捞救一具死尸反倒给钱 1200 文，导致一些贪利小人往往故意将濒危的人溺死，以冒领赏款。曾国藩任两江总督后，对此非常重视，并委任徐国桢前往焦山接办救生总局事务。徐国桢到任后，改订章程，加强整顿，杜绝了以往救生却又杀生的现象。后又禀明曾国藩，劝募金陵木商、仙女镇六壕口米商，抽集厘缘，补助救生经费，添造船只，“每日黎明即派救生船驻泊险要各处，预防风浪，以便援救”。

「 京杭运河江南段 」

当年，上自京杭运河口，下至江都界三江营双江口止，共设16只救生红船，分段巡救。并在丹徒、谏壁、圌山、三江营设置分局，又于龙窝地方与京口救生会合设置公所，互相稽查，后因经费不足，减少3只红船。直至民国初年，仍有13只救生红船。

镇江红船　护漕救生

在闻名遐迩的镇江金山寺，存有两方珍贵的有关救生的石刻。一方是清代丞相张玉书亲笔书写的康熙《御制操舟说》，另一方是康熙为表彰金山寺、超岸寺的长江救生活动而减免一切丁银杂赋的《恩免碑》。

在《御制操舟说》中，康熙皇帝对红船救生大为赞扬，并责令沿江官府文武百官关注过往船只安全，如遇大风，要求官方的护航船立即护航。

康熙皇帝对红船救生的赞扬，一是对百姓的爱护，二是对漕运的重视。

镇江因为地处长江与京杭运河的交汇处，江浙一带的漕粮大多经江南运河，在镇江过长江，再经瓜洲进入江淮运河北上京城。从唐代始，润州（今镇江）已是江淮漕运重镇，每年从这里经过的船舶数以万计，舟楫如蚁。每逢漕运高峰，众多的漕船拥挤在镇江，一旦遭遇风

「江淮运河（扬州—淮安）」

浪，便有漕船翻沉，漕兵溺亡，漕粮也沉入江底。

为保漕船安全，清王朝在镇江专门设立了漕运救生和盐务救生机构，打造护漕、护盐专用救生船。这些救生船在负责镇江段水上救生的同时，还兼顾了京杭运河的水上救生。这种针对性较强的水上救生机构，同样在历史上留下了浓墨重彩的一笔。

康熙元年（公元1662年），“严檄沿河镇道等官，遇粮船入境出境，各分汛地（驻防巡逻的地区）催趱”。康熙十七年（公元1678年）又规定：“漕船至镇江过江，倘有因风守候，俱令地方官报明，免其议处。”康熙二十六年（公元1687年），“令京口总兵官巡视河干，催护过江，如遇大风，督令标兵操舟预备，遇有江心船只不能近岸收口者，设法挽救”。这一年，官府建造了十艘护漕救生船，每船募设善水舵工水手10名，分别停泊在长江南北两岸。冬春之际，在漕船过江的3个月中，每人每月发给工食银一两。漕船遇风，立出救护。“如过往商客遭遇风患，要一体协救，不准居奇坐视、勒措。违者地方官拿究”。

护漕红船船身扁长，航速较快，具有一定的抗风能力。

船内设置5对船桨和一面大铜锣。起锚出航救生时，船工敲起大铜锣，江面上船只远远听到铜锣的“当当”声，就会避行让道。当时江面多处设有关卡，救生红船的船头被雕刻成虎头，虎头标志表示十万火急，性命关天，出航后就一路畅通无阻。

较之护漕救生船，盐务救生船只有一小部分设置在长江，绝大多数在京杭运河。

盐业是封建王朝经济发展的一大支柱。自西汉初年吴王刘濞“煮海水为盐”，并开凿运盐河（即茱萸沟）后，海盐被集中运到扬州，再分运各地。于是，长江和大运河与盐运的关系最为密切，扬州也得以成为两淮盐业的中心。唐开元年间，江淮转运使在扬州“置输场、盐仓，以受淮盐”，并在扬州设立转运院，专司运销淮南、通州、泰州诸场海盐。当时政府榷盐法规定，煮制归民，运销归官，私人不得贩运海盐。后来改革榷盐法，

「古代两淮盐业的中心——扬州」

扬州地区官运官销的盐，一部分改为商运商销，使扬州成为盐商汇聚、盐船密集的运输中心。当时两淮产盐达60万石，多从扬州转运。到了宋代，真州（今仪征）崛起，成为两淮大宗食盐的输出口岸。两淮盐船不在扬州停靠，而是通过大运河、仪扬运河，直至真州的淮盐集散基地临江港口十二圩。一时，海盐堆积如山，而后转换大木船运往京师及安徽、江西、湖南、湖北、浙江等省，由官府包销。

清代，盐务部门在运盐船只所经河道设置了很多救生红船。据记载，“高邮州甓社湖红船二，旧隶有司乾隆二十年归并盐务，中废，五十八年复设，岁给工食银二百五十一两二钱；江宁宏济寺红船一，雍正十一年设，岁给工食银一百零八两；江宁观音门红船一，雍正十三年设，岁给工食银九十六两；江宁急水沟滑子口红船各一，嘉庆七年设，岁给工食各九十八两四钱”。

扬州的盐商还协助盐务衙门和地方政府，开展社会公共事务、公益和福利事业的活动，尤其是广泛资助救生船颇具成效，提高了水上救灾能力。

船望风静　神灵崇拜应运而生

人们祈求水神保佑江河风平浪静，保佑船夫商贾平安无事。对神灵的崇拜，实际上是苍生对命运之神的敬畏，是对海晏河清、共度慈航的渴望。

随着水运范围的扩大，从业人员的增多，水上事故的增加，人们开始在无法战胜的自然力面前寻求精神寄托，于是民间逐渐出现了专门保护行船平安的水神，如沿海的妈祖、内河的晏公、杨泗将军等，希望有超越人类的力量来救苦救难。

中国民间对神的崇拜，一般不讲究宗教流派。无论佛教、道教、基督教的哪一路神仙，只要这位神仙的教旨符合民间的某种希冀或诉求，老百姓都崇拜它。

三百六十行，行行有神仙。各行各业崇拜的神灵带有明确的行业性质，学者们称之为业缘崇拜。凡涉及水上交通运输，无论商家还是船家，都以水神崇拜为主。

长江上的水神可谓五花八门，既有龙王、神女、观音，也有晏公和杨泗。

人们祈求水神保佑江河风平浪静，保佑船夫商贾平安无事。对神灵的崇拜，实际上是苍生对命运之神的敬畏，是对海晏河清、共度慈航的渴望。

川江宝塔　寄托水路平安

在川江沿岸，有很多 7 至 13 层不等的白色石塔，样式造型差不多，名字各不相同。有的叫“青云塔”，有的叫“耀奎塔”，有的叫“洄澜塔”。还有的称“南塔”、“宝塔”、“白塔”、“黑塔”等。最普遍的是称“文峰塔”。这些塔不属佛教塔的范畴，独成体系，一般归为风水塔。古人建造这些石塔，为的是祈福求兴旺、求平安。

在云阳江段的云安镇，建有一座高约 42 米的六边形石塔。此塔取名“文峰塔”，建于清道光二十四年（公元 1844 年）。塔高 7 层，通圆形塔基直径 22.8 米，一、二层由石头所叠，上面各层均由砖块砌成。附会于石塔的是一个百姓希望本地文风兴盛、人才辈出的故事。

实际上，在一般老百姓心中，石塔最主要的作用并不是兴文运，而是

「九江浔阳楼宝塔」

镇妖。因为自古以来，民间传说川江险滩浪沉船只，都是妖魔在兴风作浪。同治五年（公元1866年）修建的长寿文峰塔，就是因妖魔在江中的不语滩多次吞噬行船，为降魔镇妖，保护过往船只才建造的。

长寿文峰塔因塔身呈白色，又称“白塔”。坐落在城东南6千米长江北岸的黄草山颠之上。白塔为八角七层楼阁式砖石结构，高38米，每角刻有石狮，头顶莲花，脚踏绣球。塔心有螺旋式砖石梯108步直达7层塔顶，各层均有龛，龛内供园雕石刻佛像。塔门两边有当年知县王锡题书的石刻楹联。老百姓传说古人在这里建塔是为了镇妖，长寿县志上记载的是“用镇水口”，即保护长江的安宁平静，当地就有“张飞镇水”、“玉带缠妖”、“白塔镇水”等传说。

「钱塘江畔六和塔」

文峰塔下有一个白头滩，它地处龙溪河与长江的交汇处，长江与龙溪河环绕黄草山而过，三面环水，一面靠山，地势十分险要。长江到这里水流湍急，过往行船难以靠岸，人们便从李白《黄牛峡》中“三朝又三暮，不觉鬓成丝”的诗句给这里取名为“白头滩”。另外有一说是朱棣攻破金陵后，建文帝流亡至此。看到江水中自己白发鬓鬓，发出白居易诗句“浪里白头翁”的感叹，于是人们给这里取名为“白头滩”。这个滩还称“不语滩”，意思是说这里水流凶险，船行至此，人都不敢说话。

至于“张飞镇水”，则与建在这里的一座张飞庙有关。传说明末张献忠率大军朔长江而上攻打重庆，船行至此水流太急，不能前行。张献忠只好下船步行，上岸拜谒张飞庙后，忽然风平浪静，大军得以前进。因为这个传说，在长寿，张飞庙香火颇为兴旺。张飞庙附近曾有一个“手膀崖”，是人们在悬崖上开凿出的栈道。栈道临江背山，也是长江纤夫的过道。山间石壁上留下的五指手印，是当年纤夫拉船时的痕迹。

「古人在川江悬崖上开凿的栈道」

崇拜河神　祈望海晏河清

河神是人类历史发展初期对水的一种狂热崇拜。

在远古时期，人们对水的破坏和水的祸害是无法预见的，更难以避免。洪水泛滥时吞没一切，毁灭一切。洪水过后遗留下的低洼潮湿环境，还会滋生疾病，造成次生灾难，再次危害人类。久旱不雨，江河干涸时，由于缺水又造成农田干旱，形成饥荒。因此，当人们对水的期盼和祈求达到极点后，会很自然地将恐惧、敬畏、期盼、祈求变成信仰和崇拜。于是，河神崇拜便应运而生。随着社会经济的发展，人们对河神的崇拜也开始由最初祈祷风调雨顺，转向祈求行船平安和遇到水上灾难时得到及时救助，河神开始有了水上保护神的含义。

「始建于元代、有“京城龙王庙之首”之称的都龙王庙」

中国的河神崇拜已有上千年的历史。最早的文字记录出现在甲骨文中。在《殷墟文字甲编》二九九二片卜辞中，有商王一次屠杀三十名羌人以祭河神的记载。还有殷商时期在祭河仪式上把牛、羊、猪和美玉等祭品沉入河底以祀河神的卜辞。

秦汉时期，人们开始使用玉器祭祀河神。人们认为沉玉于河是“祷河求福也”。

隋唐时期，河神崇拜变得更为普遍，“四渎”（长江、黄河、淮河、济水）、“四海”（东海、南海、西海、北海）等都列入了国家祀典，河神崇拜在国家正祀中获得一席之地。唐代诗人耿湋作有《贺李观察祷河神降雨》诗，诗中写道：“质明斋祭北风微，驺驭于群拥庙扉。玉帛才敷云淡淡，笙镛未撤雨霏霏。”反映的就是官方为祈雨对河神的祭祀。张籍在诗中写道：“欲辞舅姑先问人，私向江头祭水神”、“向晚青山下，谁家祭水神”。

宋金时期，由于战难频繁，河患越来越严重，无论是官方还是民间，对河神的崇拜也愈演愈烈，河神庙开始见于史籍。金代之前，黄河河神已承受香火，且“屡祷有应”并“加封号庙额”。

从元代开始，人们对于河神的祈求开始偏向于行船平安与遇到水上灾难时救苦救难。

同样是崇拜河神，但人们祈求的内容开始发生了转变，河神被赋予了水上保护神的含义。

这并不难理解，因为从元朝开始，水运成为国家主要运输方式之一，在社会经济发展中扮演的角色越来越重要，靠水运吃饭的也人越来越多，驾船人自然想到了历朝历代信奉的河神，祈求河神保佑行船平安。

元初，运往京城的江南漕粮的两条主要线路，都离不开水运。一条是水陆联运，另一条是海运。水陆联运是以京杭运河为主要水路，陆运为辅助。

江南漕粮经大运河，在京口（今镇江）过长江，再由扬州到达淮安入淮水，逆黄河上行，达中滦（今河南省黄河北岸封丘西南），改换陆运一百八十里至淇门镇（今河南淇县境）入御河（今卫河），经临清、德州达

「 隋唐以洛阳为中心的南北大运河在元代被拉直，始名“京杭运河” 」

直沽（今天津），再北上京师。这条路线迂回曲折，路程甚远，既费人力，又费时间。海运虽然运量大，但“风涛不测，粮船漂溺者，无岁无之，间亦有船坏而弃其米者”。有些年份甚至“漂米数十万石，溺死治漕卒五六千人”。为保水运平安，元代开始信奉、祭拜漕运神与妈祖神。

到了明清时期，漕运在国家政治经济发展中的作用越来越大，京杭运河成为漕粮的主要运输通道。漕船、漕粮的安全直接关系到国家的经济命脉。因此，从皇帝到平民百姓，从朝廷重臣到府州县官，对祭祀河神也更加重视，“无不事之惟恐不敬”祈求河神护佑平安。满族皇帝为笼络汉族民心，特别热衷修庙祭祀之事，历史上就有“明修长城清修庙”的说法。清顺治三年（公元 1646 年）（一说顺治二年）封黄河神为“显佑通济金龙四大王”，康熙三十九年（公元 1700 年）加封为“显佑通济昭灵效顺金龙四大王”。雍正甚至花巨资白银二百八十八万两在河南武陟建河神庙。乾隆皇帝不仅加封名号，且亲撰《河神庙碑记》，“敬作迎送之曲”，祈求河神“永荫于徐”。皇帝尚且如此，官员亦多下效，上任伊始，修河神庙并致祭成为例行公事。

「 位于汉江与长江交汇口的汉口龙王庙 」

拜祀神女　祈祷江河安澜

「巫峡神女峰」

长江三峡中的巫峡又名大峡，以幽深秀丽著称。整个峡区奇峰突兀，怪石磷峋，峭壁屏列，绵延不断，是三峡中最可观的一段。最著名的是巫山十二峰，十二峰中最秀丽的又数神女峰。神女峰如少女亭亭玉立，每天迎朝霞，送晚霞，所以也称“望霞峰”。以神女峰演化出的巫山神女，是长江上崇拜时间最久远的河神。

关于神女峰的传说甚多。其中流传最广、最优美的传说是神女瑶姬下凡，助大禹治水。

在神女瑶姬的帮助下，水患得到治理，百姓安居乐业。人们怀念瑶姬，说她并未离去，而是变成了巫山上那座令人向往的神女峰。她的侍从也化作一座座山峰，静静地守立在她的身旁。神女仍然在为人间耕云播雨，为百姓驱除虎豹，为治病育种灵芝，为行船指点航路。

「汉阳大禹文化园里的大禹雕像」

对于常年在川江上行船的船民来说，神女战胜恶龙的传说最符合他们的期望。神女降伏了恶龙，江水才能风平浪静，行船才能平安无事。能够驾船平安过往三峡，能够抬头远望神女峰，就是神女的护佑。正因为如此，巫山神女作为川江的水上保护神，被人们祭拜了两千多年。

拜祀晏公　祈求水途安妥

较之神女、观音，晏公的声名虽然并不显赫，可他却被认为是中国历史上一位专门保护水运安全的河神。

对晏公的崇拜始于宋朝，但当时影响不大。不过，这种情形到了明朝发生了巨大的变化，晏公被明王朝指定为“官方认证”的河神，其职责就是平定风浪、保障江海行船的安全。

传说晏公面如黑漆，浓眉横髯，手下有两员干将千里眼与顺风耳。传说晏公曾经纵容手下为害江河，浮海为怪，毁船沉舟，为害商渔。海神妈祖为民除害，驾轻舟与晏公大战了一场。晏公虽然战败，但仍不服，继续幻化神龙兴风作浪。妈祖再战，投下神绳将其牢牢绑住，晏公才惧而伏罪。妈祖降伏晏公后，令他统领水族救民解危。

大约在宋朝时候，镇江就立有晏公庙，但只是民间小庙。后来道教把晏公拉进道教系统，并在《三教源流搜神大全》记载了一个故事：说晏公原名叫晏戍子，是江西临江府清江镇人，在朝廷里当官。因病回乡时，在船上突然去逝。晏公乘坐的船还没到达家乡，家乡人却看到他骑着马在田野上奔跑。船抵达家乡后，乡里人听说他已去世，都惊骇不已。打开船上的棺木，里面却一无所有。乡里父老认为晏戍子成神了，于是立庙祀之。从此，晏戍子经常灵显于江河湖海。船只在水上遇到风险危难时，船夫、商贾只要叩头跪拜于他，大喊晏公的名号，就会出现风恬浪静、舟航稳载、绳缆坚牢、水途安妥、所谋顺遂的景象。

晏公之所以成为明王朝指定的河神，得益于开国皇帝朱元璋。据说朱元璋乘船与张士诚打仗遇险时，是晏公显灵救了他。朱元璋在南京建都后，诏封晏公为“神霄王府晏公都督大元帅”、“管理河道显灵平浪侯”，命天下建庙祀之。从此，晏公这个原本是江西一带的地方水神，在朱元璋的大力推广下，一下子成为官方祭拜的神灵，成为具有全国性影响的水神，司平定风浪、保障江海行船之职。当时，在往来繁忙的水陆交通枢纽，在船工、渔户密集的地方，都立有晏公庙。

镇江的西津渡是船舶、商贾南来北往的必经之地，渡口古街建有晏公庙。

船工视晏公为行业神，出船或回航均要登岸上香祭拜。乘船外出的客商渔民，都要来此祈求平安。无数善男信女岁岁祭祀，晏公庙香火旺盛。

明朝中期，晏公的影响已遍及社会各阶层，其水神的地位已接近龙王。民间还逐渐形成了元宵节“拜晏公”的风俗，整个祭神过程由迎神、驱魔、保太平等组成，带有浓厚的驱邪和祈求平安的色彩。

“拜晏公”一般是从新年正月初一开始到元宵节。活动开始后，整个晏公庙周围鼓乐喧闹，炮仗声不绝于耳，精美的花灯目不暇接。晏公庙里盖着红布的神像被人们抬出来，穿行在大街小巷，驱除邪祟。抬神像的人要精选那些年轻的船工。他们喝了烧酒，光着膀子，戴上面具，在各条街巷里绕行。女人和孩子要留守在家中，紧闭门窗，以免引来邪魔。这个时候，家畜都要关在家里，不许发出一点声音。如果发出声音被鬼神听到，就不吉利，意味着新的一年会有灾祸来临。为了防止鸡鸣狗叫，人们在抬神像跑五更的前几天，就不给鸡狗喂食。等到神像来时，再给它们喂饭喂骨头。它们忙着吃的时候，就不会发出声音了。晏公的神像被人们抬着，走过整个镇江城，走一圈就意味着赶走了邪魔，然后抬回到庙里。

盖在晏公身上的红布，是平安吉祥的象征。

抢红布是“拜晏公”的最后一个环节，也是最后的高潮。为了能够顺利抢到红布沾到福气，人们不顾身份，不分尊卑，争先恐后。跑得最快、最前面的人才能抢到红布。镇江人爱说的“分红”、“沾沾福气”，也许就来自于“拜晏公”。

祭拜观音　祈盼风恬浪静

在中国众多的庙宇里，几乎都供奉着或打坐莲台，或腾云驾雾，手托净瓶杨柳枝，眉清目秀的观音菩萨。中国和东亚一带的老百姓认为，在佛国众神中，观音菩萨是最通人性、最乐善好施的大慈大悲、救苦救难的菩萨，从而成为最受崇拜、影响最大，受众最多的保护神。在中国民间的各种佛教图像或造像中，最为常见、且种类最多的就是观音菩萨。

据《妙法莲华经》记载，观音是大慈大悲的菩萨，能现三十三化身，救十二大难。她主张“随类化度”，对一切人救苦救难，不分贵贱贤愚，遇难众生只要念诵她的名号，“菩萨即时观其声音”，前往拯救解脱。《般若波罗蜜多心经》中说：“观自在菩萨，行深般若波罗蜜多时，照见五蕴皆空，度一切苦厄。”这正是靠水谋生、以船为家的人们，将观音当作神灵祭拜的最主要原因。

民间神话传说观音菩萨是西方妙庄国王的女儿妙善公主，出生时就有祥云围绕、异象神奇。她出家、成道中饱经磨难，又充满灵异。印度佛教中说观音菩萨是弥勒佛的一个王子修道而来的。

「浙江普陀山的南海观世音菩萨雕像」

立于镇江西津渡的观音菩萨，也许最能反映驾船人对观音的崇拜。

据史书记载，在宋代延祐年间，就有人在西津渡普陀岩建寺供奉观音。民间传说在唐朝，有一位在西津渡驻防的士兵，回浙江定海家乡探亲时，听家人讲述了许多南海观世音菩萨在普陀山救苦救难的故事。他想，长江是天堑险阻，西津渡虽然有一座屏障蒜山拱卫大江，但遇狂风暴雨，船翻人溺的事故仍然时有发生。如果有观音菩萨保佑，那么江上就船安人宁了。于是他请雕工仿照普陀山的观音形象，专门为西津渡塑了一尊观音宝像，供奉在观音洞中。传说西津渡的百姓从此常常看到一位白衣观音升腾飞舞，应化说法，救苦救难。蒜山因此称为北普陀，蒜山北麓的山岩被称为“普陀岩”。

观音洞依山坡而建。主洞供奉着一尊用上好质地的汉白玉雕刻的观音，她在古老的莲花宝座上，向游人倾诉着西津渡观音崇拜的悠久历史。岩壁上的雕刻，则记载了观音菩萨救苦救难的功德。

千百年来，“随类化度”的观音菩萨守护着西津渡口，守护着往来于渡口的芸芸众生。观音洞的香火也旺盛不衰，延续至今。世世代代的水上人家，南来北往的商贾游客，祖居西津的普通百姓，对观音的顶礼膜拜，也是千百年如一日，虔诚有加，生生不息。每逢农历的初一、十五，善男信女都要到西津渡礼佛拜香。特别是农历二月十九日、六月十九日、九月十九日三个观音的诞生日，请愿还愿、烧香拜观音的香客更是摩肩接踵，涌动如潮。小小的西津街巷人头攒动、香烟缭绕。

「镇江西津渡口观音洞」

镇江西津渡的百姓如此崇拜观音，是与其地理环境密切相关的。

西津渡位处长江与大运河交汇之地，水路交通四通八达。水上航行危险极大，船翻货覆就会倾家荡产、家破人亡。其特殊的水运环境使得这里供奉的神灵大多以水上神灵为主，祈求平安。如见闻于史书与石碑的，有玉山大码头的龙王庙；有供奉司职海上安全的妈祖天妃宫；目前还供奉许逊真君的铁柱宫，以许逊用铁柱锁龙的造型强化其水上神祇地位；供奉晏公的救生会馆；供奉观音、只有观音没有庙的观音洞等。很有意思的是，铁柱宫中供奉的最重要神祇之一是慈航真人，观音在道教中的法号也称为“慈航真人”，而“真人”是道教神祇的典型封号。可见，西津渡的宗教文化是多元的，这种多元崇拜却围绕着一个共同的主题，就是祈求江河风平浪静，护佑船夫商贾平安无事。从这个意义上说，以救苦救难为己任的观音菩萨是众多水上从业人员选择出来保护自己的神。

供奉杨泗 祈求一帆风顺

清雍正年间，南河百舸争流。一日天气晴朗，南河河道出现几块巨大的石头，河流被生生截断，船只不能上下，持续多日。船老大和当地百姓焦急万分，而官府又无所适从。为了活命，他们纷纷许愿，在清滩的南河边修建一庙，祭祀水神杨泗。过往船夫路过此地杀猪宰羊，祭祀杨泗，上下船只得以顺利通行。

这是《襄樊市文物史迹普查实录》书中记载的、关于保康县城杨泗庙的故事。

「洞庭湖君山岛上的寺庙」

在长江中下游地区和陕南汉、丹江流域，建有很多杨泗庙，也有很多地方以杨泗为名。《中华全国风俗志》记载：“（洞庭湖区）各船户最信奉杨泗将军，公立庙，各船开到，例必至庙敬之。”仅湘阴县，就曾有30余家杨泗庙，供奉杨泗。

湖南是杨泗信仰的发源地。到明清时，随着江汉水上交通的发达与各地经济联系的增强，加上“湖广填四川”移民潮的出现，杨泗信仰随船工和移民上溯江汉，传到了湖北、四川、河南、陕西等沿江沿河，在陕南汉、丹江流域盛极一时，仅陕西白河县城就曾建有上、中、下三座杨泗庙。到了晚清，这一信仰还传到了南越五岭广州等地。

人们建庙拜祭杨泗，说他是专门保佑水上平安的神，靠水谋生的人对他最为崇拜，是船民们最信奉的水神。

人们在江河湖泊近水的地方建杨泗庙，这是和龙王庙相同，而与其他庙宇的不同之处。

在河南南阳淅川县荆紫关镇，有一座供奉杨泗水神的宫殿，叫“平浪宫”。

「 河南淅川县荆紫关镇的平浪宫 」

据碑文所记，平浪宫建于清崇德三年（公元 1638 年），为船工船商集资而建。宫殿的门楣上嵌着一块大理石竖匾，上刻“平浪宫”三字。匾额左右各有一方形墙框，内绘彩色墙面。前宫两侧墙上，各有一大大圆形窗，像现代轮船上的圆形舷窗，窗上刻“风平”“浪静”四字。开宗明义，讲明了对神庙的祈求。殿中的杨泗将军，龙袍玉带，右手抱宝剑，左手捻避水珠，年轻俊秀。作为目前全国保存最完整的杨泗爷神庙，它既是船工、船商的精神寄托，也为他们提供生活服务。

当年的荆紫关，“百舸连樯、千帆林立”，仅船夫和码头搬运工人就有数百人。

商人们集资扩建码头，由一个码头变成上、中、下三个码头，码头常停泊三四百艘货船。至清末仍然兴盛，光绪三十四年（公元 1908 年），河南省设荆紫关厘金局，局长为四品官，每日收税银 1000 余两。到了民国，荆紫关仍“下通汉江大阜，商航东行之”，商务不衰。丹江水运鼎盛时，荆紫关形成八大帮会、三大公司、八大转运行、十二家药材行、十三家骡马店和二十四家大商行。河南省在此设百货厘金局、酒业专卖局和屠宰征税所。一个荆紫关，有数万人口。航行在丹江的船只，支着桅杆，桅杆上扯着帆布篷。船舱装货，甲板上住人。船夫一家人都生活在丹江上，在风里雨里漂着。一到夜里，每条船上点燃的石蜡灯，如同满天星星落到河里。水上生活是艰辛的、危险的。为了养活孩子，船夫们给自己的孩子取一些怪名和贱名。如狗娃、赖狗、三憨、蛤蟆、咕咚等。他们认为，名越怪越贱，孩子越好养活。

对 20 世纪 80 年代初荆紫关的放排人，紧邻的丹凤县著名作家贾平凹曾有生动的描述：“大人小孩没有不会水性的，每三日五日，结伙成群，背了七八个汽车内胎逆江而上，在五十里、六十里地方去买柴买油桐籽。收齐了，就在江边啃了干粮，喝了生水，憋足力气吹圆内胎，便扎柴排顺江漂下。

“放排时，他们遇见浅滩，就跳下水去连推带拉，排下湍流，又手忙脚乱，偶尔排撞在礁石上，将孩子弹落水中，父母并不惊慌，排依然在走，孩子眨眼间冒出水来，又跳上排。”

“到了荆紫关，转危就是安。商贾能发财，仕宦得升迁”。这首长期在船夫商贾中流传的民谣表明，平浪宫是进出鄂、豫、陕三省船工、船商的精神寄托。

有趣的是，从荆紫关向西北上行百余里，即到陕西丹凤县（古称“龙驹寨”），那里也建有一个平浪宫。它南俯瞰丹江，北靠凤冠山，现仍保留戏楼和大殿各一座，大殿上同样供着杨泗神像。

豫陕两省的平浪宫如兄如弟，并立在丹江之畔。

「平浪宫中供奉的杨泗将军」

龙驹寨地理位置与荆紫关相似，也是“北通秦晋，南接吴楚”的交通要冲、水旱码头。明清时商贾云集，帮会众多，其中船帮依靠丹江水运，势力较大，却无自己的会馆。为不受其他帮会歧视，艄公、船夫、搬运工千余人决定集资建馆。他们从每运一件货物中提取三个铜钱作为建馆资金，积少成多。终在清嘉庆二十年（公元 1815 年）建成了平浪宫。

在安徽太湖县南乡，太（湖）宿（松）望（江）三县交界的徐桥镇，也建有一座杨泗庙，这是一所佛、道二教合一，由佛教弟子住持的庙宇。1991 年，全国政协副主席，中国佛教协会会长赵朴初先生亲笔为其题书了门匾——杨泗寺，从此杨泗庙易名为“杨泗寺”。

各地兴建的杨泗庙，既是船工们行船前烧香磕头寻求庇佑的处所，也是商贾外出经商、渔民下湖捕鱼、百姓祈求平安的场所。

广大百姓祈福、祈求护佑的隆重祭祀过程，慢慢演变成杨泗将军庙会或赛神活动，并逐渐成为民俗。

湖北一些地方还有为杨泗将军做生的习俗。每逢阴历六月初六，请道士做法事、打醮、搭台唱戏办庙会，十分闹热。

据《武汉市志·民俗》记载：沿江河码头及鹦鹉洲一带居民，信奉杨泗将军，多参加磨子会。六月六日，抬磨赛会，招摇过市，遇有放鞭炮者，则舞磨一番。

以杨泗命名的地方也较多，安徽宣城和陕西镇安都设有杨泗乡，湘潭涟水边的杨泗庙，因庙形成了一个集镇。汉阳的杨泗庙已于20世纪50年代拆毁，但地名仍在。今洪山区青菱乡的一个村委会仍然以“杨泗矶”命名，是由于辖区内有个自然村名叫“杨泗矶”。这个自然村的得名是因为靠江岸有一处矶石，旧名“杨泗矶”。矶头原来有座杨泗庙，矶名又由庙名而来。由此可见杨泗神在当时深入人心。

日新月异　当代救助今非昔比

按照“巡航救助一体化”管理的总体要求，长江干线逐步形成了“机构基本健全、机制基本完善、预案基本覆盖、装备明显提升、能力明显提高”的应急救助反应体系。

「 在长江中下游航行的船舶 」

我国内河水上运输量大，特别是长江干线和京杭运河，船舶密度高。据权威部门统计，长江下游每年日均船舶自然流量在3000多艘次，超过世界上任何一条水道的船舶流量。

由于长江多为天然航道，狭窄弯多，礁石密布，水流变化大，船舶航行风险高。新中国成立以来，长江曾经多次发生船舶翻沉、碰撞事故。长江中上游，特别是川江，成为海难事故的多发水域。据统计，“七五”至“十五”20 年间，长江共发生水上交通事故 3091 件。其中碰撞事故 1445 起，共造成死亡失踪人数 2947 人、沉船 1233 艘、经济损失 50364.5 万元，事故件数、死亡人数、经济损失曾经分别占到全国的 40%、50%、60%。

随着水路运输的快速发展，水上遇险人数和遇险船舶数量也不断增加。2007 年 9 月交通部发布的《国家水上交通安全监管和救助系统布局规划》统计，2005 年与 2000 年相比，水上遇险人数增加 2.6 倍，遇险船舶数量增加 1.3 倍，水上交通安全风险几乎与船舶交通量同步增长。而且重大事故比例居高不下，事故后果呈恶化趋势。2000 年与 1995 年相比，大和重大事故占等级以上水上交通事故的比例由 48.3%增加到 76.1%，为历史最高点。2005 年与 1995 年相比，平均每起等级以上事故死亡人数增加 83%，直接经济损失增加 570%。而内河险情则主要发生在长江干线，在全国内河水上交通险情总量中，发生在长江干线的占 64.8%，其中长江下游占 44%。

长江上发生的重特大水上交通事故，造成了群死群伤的严重后果，也影响到社会的和谐稳定。

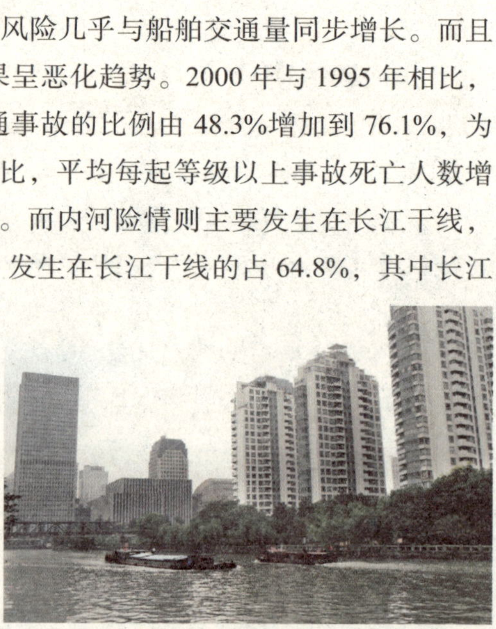
「 在京杭运河上航行的船队 」

水上事故频发且高位徘徊的现状，引起了国家的重视。为遏制和预防水上事故的发生，并让遇难船舶和遇难人员得到及时救助，交通部在 2007 年做出了加强水上交通安全监管和救助系统布局的规划。提出以预防为主、防救结合为原则，以提高水上交通安全监管和搜寻救助能力为重点，专业力量与社会力量相结合，采用先进技术，构建现代化的水上交通安全监管和救助系统，以实现水上交通安全状况的根本好转。

在国家水上搜救格局中，长江水上救助已自成体系，搜救设施建设日新月异，搜救技术今非昔比，搜救能力与时俱进。

长江救助自成体系

针对长江干线缺乏专业救助力量、辖区点多线长的状况，2004 年，交通部决定在长江干线实行巡航救助一体化，通过整合海事资源，提高长江水上搜救能力。按照长江干线“巡航救助一体化”管理的总体要求，长江海事局、江苏海事局和沿江省（市）政府以机制、装备和队伍建设为重点，全面加强应急能力建设，逐步形成了“机构基本健全、机制基本完善、预案基本覆盖、装备明显提升、能力明显提高”的应急救助反应体系。初步建成了重点船舶 GPS、重点水域 CCTV、重点港区 VTS 和现代海巡艇互为补充的现代化水上监管系统的框架雏形。

长江水上搜救应急体系的完善，极大地提升了长江水上突发事件的应急能力。“十一五”期间，长江海事辖区共开展各类水上救助行动 1700 多起，涉及遇险人员 30 多万人，救助遇险人员 3 万多人，人命救助率达到 99%以上；遇险船舶 2600

「 长江水上搜救协调中心 」

多艘次，获救船舶 2300 多艘次，平均每天救助船舶 1.3 艘次。江苏海事辖区成功指挥救助水上遇险人员 11000 多人，人命救助成功率连续五年保持在 90% 以上，有效降低和减少了水上事故险情对人命和财产造成的损失。

历史上，长江死亡失踪最多的一年曾经达到 300 多人。2011 年，长江仅死亡失踪 12 人，由全国水上事故死亡失踪人数的一半下降到 4.1%，创造了历史最好纪录。

海事巡航与搜救一体 所谓巡航救助一体，即在长江原有的海事巡航资源配置和布局的基础上，再加大一定的投入，同时合理调整海事站点和巡航艇力的布局，增加、配备相应的搜救装备，实现搜救与巡航的结合。这样，不仅充分利用了已有的巡航资源，还可减少中间协调环节，一旦发生水上险情，巡航的海巡艇可在最短时间赶到现场，为搜救赢得宝贵时间，实现“人命救助，快速高效”的目标。

巡航救助一体化，主要包括巡航救助装备资源的一体化，机构设置的一体化，工作机制的一体化和队伍建设的一体化。

这是一个符合长江航运实际，又好又快改善长江水上救助落后现状的正确决策。

1996 年，长江海事局成立了长江干线水上搜救协调中心，作为常设机构管理。1997 年，按照“当地政府领导、海事组织实施、社会力量参与”抢救遇险人员生命的原则，在沿江地（市）推进组建水上搜救机构的工作。针对长江水上事故特点，搜救中心制定了水上人命救助职责、船舶遇险施救方案和程序，对不同水域、不同船舶、不同险情采取不同的施救措施。在当地人民政府的领导和相关部门的支持配合下，长江海事管理机构协调、指挥所有设备和力量，救助

「长江海巡艇在进行巡航救助一体巡航」

遇险船舶和人员。

「长江海事监管系统」

按照“就近救援，快速反应”的原则，长江海事部门综合规划指挥系统、通信系统建设与海事巡航执法、搜救，调整布局，建立巡航救助基地，增设应急救助站点，配备救助船艇，明确指定社会搜救船舶，在三峡库区确定了“川江人道救生船”。为满足巡航执法和人命救助的需要，在海事船艇建设中增加了水上人命救助的功能，以提高海事巡逻船艇的综合交通能力。在信息化建设中，适当加大了搜救值班技术装备的力度，建立搜救应急通信指挥及决策系统，保证报警信息和搜救指挥信息的畅通。充分利用VTS、CCTV等监管手段，力争达到全水域覆盖，全天候运行，快速化反应。

经过“十一五”期的建设，长江海事部门通过充分整合巡航资源，科学调整应急站点，在辖区分支局所在地组建了10个长江水上搜救中心，成立了由辖区所在地人民政府、公安、交通、消防、环保、卫生及港航企业等多家单位组成的37个水上搜救分中心，126个巡航执法与应急动态待命站点，配备了150多艘应急救助船艇，实行24小时应急值班待命。明确指定了180多艘包括拖（推）轮、消防船等在内的社会搜救船舶，在三峡库区确定了150艘“川江人道救生船”。搜救范围覆盖辖区全线干流和支汊河道，平均22千米就有一个应急工作站点。执法船艇“153040”覆盖率达99.36%，车船结合达100%，库区及以下航段20米及以上海巡艇雾航快速反应能力达标率达82.7%。安庆、九江、武汉、临湘四大油区和三峡库区还建立了溢油应急反应机制，基本达到一次性清除50吨溢油应急的能力。

「长江海巡艇为长江三峡库区航行的船舶安全护航」

江苏海事部门在辖区沿江十个分支机构设立了 10 个指挥分中心，10 个执法支队；建设了南京、南通 2 个大型监管救助综合基地、38 个应急救助待命点，即长江江苏段平均每 9 千米就有一个待命点；部署了 65 艘海巡艇、264 辆海事执法车。两级指挥中心统一调度指挥所有海事执法和应急救助资源及力量，各船艇、车辆根据中心指令，从基地、支队、待命点可以在第一时间就近迅速赶往现场执行任务。

「在长江下游航行的大型油轮」

2002 年 4 月 3 日，满载 33 辆汽车的“帝豪 818”汽车滚装船，在长江上游万州水域触礁遇险，船体中部破体进水。万县长江水上搜救中心接警后，速派 31401 海巡艇，带着 100 吨/小时的水泵赶赴现场，一边往外抽水，一边堵漏。在组织大马力拖轮从船尾施救脱浅失败的情况下，施救指挥部果断地作出了“爆破船首礁石，再施救船舶”的决定。经技术人员现场踏勘，一次爆破成功。经过 95 小时的艰难施救，“帝豪 818”汽滚船在未损一车、未伤一人的情况下安全脱险。搜救中心从接警到出动，从人力到物力，从指挥协调到现场施救，从技术难题到组织攻关，一环扣一环，有条不紊，紧张有序。

2010 年，长江海事辖区共开展水上救助行动 240 起，其中白天 121 起，夜间 119 起，遇险人员 5819 人，救助人员 5780 人，死亡失踪 39 人，人命救助率 99.33%。遇险船舶 377 艘次，救助船舶 325 艘次，沉船 52 艘次，共出动救助力量 2051 艘次。其中，海事系统 486 艘次，占比 23.70%。占全国比例为：组织搜救次数占全国的 10.82%（全国组织搜救 2218 次），派出救助力量占全国

「在川江万州水域进行的水上立体救助演习」

的 25.33%（全国共派出搜救力量 8095 次），救助遇险人员数占全国的 24.54%（全国救助遇险人员 23555 人），救助遇险船舶数占全国的 17.433%（全国救助遇险船舶 1865 艘次），比全国平均人命救助成功率 96.1%高出 3.23%。

水上 110 联动独树一帜　2005 年 9 月 1 日凌晨 45 分，重庆长寿海事处扇沱大桥监督站的高频电话突然传来一阵急促的呼救声："救命！我已无法控制船位……"

发出求助的是重庆籍涉外游船"银河 2 号"，船上载有 85 名外宾和 73 名船员。游船因避让一艘滚装船，在长江上游重庆江段的鳝鱼尾触礁并发生倾斜，情况十分危急。

1 时10 分，长寿海事处的港区中队、洛碛中队分别出动两艘海巡艇，扇沱监督站调了一艘"新民号"客渡船以及海事执法车从水上和陆上火速赶往事发现场。

此时，江上大雾弥漫，能见度非常差，救助人员只能凭声音判断遇险船舶的位置。1 时20 分，海巡艇发现"银河 2 号"时，船体已经向右倾斜，船首正在缓缓下沉，尾部的螺旋桨露出水面。船上已经断电，左侧的一楼、二楼船舷上满是惊慌失措、焦急等待救援的游客，喊声哭声弥漫夜空。

"银河 2 号"遇险位置水很浅，水流湍急并夹杂回流，赶来施救的船舶因对周边水域不熟悉和船舶自身吃水等原因，无法靠近。"银河 2 号"向右边倾斜更加严重，随时都有倾覆的危险。

重庆航道局的"渝道 1103"航标艇也赶到了现场。由于长期在游轮失事水域实施航道维护，航标艇熟悉现场环境，加上吃水比海巡艇要浅，就试探着向"银河 2 号"靠近。几经周折，航标艇终于艰难地移到了吃水较浅的游轮左侧。经过 4 个小时的紧急救助，游轮上的 163 名外国乘客和船员全部安全获救。

这次成功的水上救助，得益于一个全新的安全管理方式——长江水上 110。

长江水上 110 报警服务联动始于 2000 年 10 月 26 日。

这一天，在长江湖北巴东鳊鱼溪至监利洪山头479千米水域，长江鄂西段水上110报警服务联动系统正式启动。由长江海事、航道、公安、通信、港口、医院、港航单位共同参加的联动工作机制，为的是及时处理长江水上发生的危、难、险、急之事。

参与救助“银河2号”游船的单位，既有长江海事、长江航道和长江通信单位，也有地方航运企业的客渡船。大家拧成一股绳，八仙过海，各显其能，同舟共济，使遇险游轮得到及时救助。

「长江水上公安巡逻艇」

长江水上110报警服务联动的流程是：人民群众拨打110报警，如果是与水上有关的事务，地方110就把这个电话转到长江水上110报警服务联动中心，联动中心根据报警的内容进行不同的处理。如果是刑事、治安案件，联动中心将会指令相关辖区港航公安机关出警。如果是海事事故，就转给长江海事部门处理。如果反映长江航道阻塞或者航标流失，就转给长江航道部门。遇到求助电话，联动中心就按照求助内容的不同，转交长江海事、公安、港口、医院等职能部门。如有重大刑事案件或重大海事事故报警，联动中心就会上报上级机关并接受指令，然后及时向案件管辖机关传达上级指示或指令，等待案件管辖机关受案处置。

无论是哪种水上110报警电话，处置部门都必须将接警后到达现场的时间和处置结果回复给联动中心，再由联动中心向上级报告处置情况。

2002年4月28日，长江上海水上110报警服务联动中心开通，上海段与先后开通的重庆、渝东、鄂西、荆州、武汉、九江、武穴、安徽、江苏等区段的水上110相互衔接。长江9个区段的水上110报警服务联动系统连为一体，覆盖长江干线2800千米。

2003 年 5 月 12 日，长江水上 110 报警服务联动系统指挥中心在长航公安局正式启动。至此，完整统一、协调互动的长江水上 110 报警服务联动体系宣告完成。

10 多年来，这个集全行业之力建成的长江水上 110 系统，因覆盖了整个长江干线，网络了长江公安、港监、航道、通信、港口、船舶、医疗等多个领域，实现了信息资源共享，不仅成为沿江各地政府 110 报警服务联动工作机制的延伸，而且及时解决了长江港航企业和人民群众危难险急之事，维护了长江水上交通安全和治安秩序，联动功能尤为突出。

救助设施建设与时俱进　巡航救助装备资源的一体化，是巡航救助一体化的基础。随着行业的发展、救助的需要和科技的进步，长江的救助设施建设也跟着水涨船高。

2005 年 12 月 26 日，南通海事局联合南通市地方海事局、太仓海事处、常熟海事处，以直升机、海巡艇、执法车和船舶交通管理中心四位一体的方式，对张家港以下长江水域、长江崇明北汊、黄海南通沿海海域和南通通吕运河等水域实施了立体巡航。

此次立体巡航共派出 1 架直升机、18 艘海巡艇、15 辆执法车，从水、陆、空全方位对江苏海事局管辖的黄海海域、长江南通港以下水域和南通市地方海事局管辖的通吕运河沿线港口、航道、锚地内的中外籍船舶的航行、停泊、作业、排污状况，以及沿途水上水下施工作业情况、渡船航行等情况进行了综合巡查。巡航以“监管立体化、反应快速化、执法规范化、管理信息化”为演练目标，以苏通大桥、如东洋口港、启东吕四大唐电厂、南通通吕运河在建的通闸大桥等建设施工水域现场施工作业情况为重点，共查处违反船舶定线制违法船舶 3 艘、超载运输船舶 2 艘。作为江苏海事局年度的第四次空中立体巡航，它首次打破了中央和地方管辖水域界限，由中央直属海事系统和地方海

「长江海事部门在进行立体巡航救助演习」

事系统联合实施。

水、陆、空全方位立体巡航，是长江救助设施建设成果的展示。

2005 年，江苏海事局按照全方位覆盖，全天候运行，立体式救助的目标，开工建造了长江沿线第一座监管救助综合基地。基地占地 1 万平方米，配有 VTS 船舶交通管理远程监控系统、CCTV 闭路电视工业监控系统、DF 无线测向系统、GPS 全球定位系统、VHF 甚高频无线通话系统等现代化监管服务设备，设置了气象监测以及信息处理中心，是一座集海事巡航、搜救、执法三位一体的多功能综合基地。

这座监管救助综合基地，只是长江下游巡航救助设施建设的一个点而已。

“十一五”期间，江苏海事局在长江干线建成了具有划时代意义的“全程监控一体化”系统，进入“数字海事”新纪元。

“全程监控一体化”主要的服务对象是航行在辖区的船舶。为保证过往辖区的船舶进入这个服务体系，凡是外国籍船舶、中国沿海 1000 总吨以上船舶，内河 1600 总吨以上的船舶和危险品船舶，均要求强制性加入。

目前，江苏海事局所有海巡艇上都安装了 GPS 和 AIS 监控终端，任何一名海事一线执法人员，只要手持“海事通”终端设备，就可以在执法现场通过 3G 网络实时查询船舶、船员等海事监管基本信息，随时做到现场与后台、前方执法人员与后方指挥中心的有效沟通和联接，大幅提高了行政执法的准确性和海事监督管理的效率，实现了海事执法资源的最优化分布和科学调配。

「在长江南京港龙潭港区装卸的船舶」

据统计，2010 年，进出长江江苏段各港口的船舶达到 200 万艘次，船载货物运输量近 10 亿吨，其中危险货物超过 1 亿吨，比 2005 年分别增加 150%、110%和 20%。与此同时，长江江苏段水上事故与船舶流量之比，由 2005 年的万分之 0.6 下降到 2010 年的万分之 0.25，长江江苏段船舶航行更加安全。

2005 年 4 月，长江三峡水上 GPS 定位综合应用系统上线试运行。作为三峡—葛洲坝船舶交通管理系统工程的一个子系统，水上 GPS 定位综合应用系统充分利用自身的设备设施，建设 GPS 差分站，提高系统定位精度。并搭建测试平台，提高系统的稳定性和易用性；开发与 VTS、调度、第三方系统的互联接口，规范数据交换机制，实现长江沿线各 GPS 系统互联、数据共享和水上安全监管要求。利用现代信息技术、无线通信技术、卫星定位技术、地理信息等技术，建设长江三峡水上智能交通系统，将航行船舶、航道状况、天气气象、船闸状况等数据与调度、海事、航道等交通业务管理有机地结合起来，搭建起一个集数据采集、查询、控制、管理、决策、服务于一体的智能交通平台，建设成为长江水上智能交通数据中心，满足长江水上安全监管、调度指挥和综合服务的智能交通管理要求。

「长航公安艇开展水上消防训练」

2006 年 5 月 18 日，长江水上搜救协调中心指挥系统启用。系统运用了先进的网络技术、信息处理技术以及计算机技术，配备了一系列高科技装备。通过网络将联网的计算机图形画面，动态实时传送并合成显示在由 15 块等离子显示器组成的大屏幕上，并能在显示屏上任意开窗，自由地跨屏移动和缩放。通过 GPS 监控系统，可以实时了解和记录安装有 GPS 监控终端的重点客渡船的航行状况以及部分执法车、船海事现场工作情况。通过网络将武汉、芜湖 VTS 系统的工作状况传到协调中心，中心可以对雷达监控图像和 CCTV 进行操作，并通过 VHF 与现场取得联系，对长江水上搜救工作给予有效及时的监控和协调指挥。

2002 年 4 月 3 日，满载原油的长江“62014”三艘驳船船队上行至武汉长江大桥上游 200 米处时，因突遇流动砂包导致油轮船队搁浅散队，其中两艘油驳失控，顺水漂向大桥。武汉长江水上搜救中心接到报警后，以最快的速度先后调集 3 艘海巡艇、6 艘拖轮以及武警部队快艇，赶赴现场施救。施救人员在距大桥桥墩仅 20 米处控制了两艘油驳，使即将发生的一起撞桥沉船恶性事故化险为夷。

「长江干线水上船舶灭火演习」

2006 年，随着武汉地区水上应急救援分队的成立，长江干线水上消防系统得到进一步完善。覆盖长江干线的水上消防系统工程，包括武汉长江公安消防指挥中心，重庆、宜昌、武汉、九江、芜湖、南通水上消防站，1 个水上消防总队，7 个水上消防中队和 16 个水上消防支队组成，共有消防监督民警 450 多人。配有 10 艘消防艇，配备了生命探测仪、热成像仪、脉冲水枪、移动式排烟机、遥控电动移动水炮及避火服、隔热服等一系列破拆器材、照明灯具、监督检查技术设备、勘查器材、消防员个人防护装备，形成一个完整的水上消防监督体系。

长江干线水上消防系统主要负责长江干线水域船舶、水上设施、沿江港站、船闸的消防监督及火灾现场扑救，为长江运输大动脉的安全提供有效保障。

2007 年底，我国最大的船舶监管系统——长江三峡—葛洲坝船舶交通管理系统工程建成。该工程主要包括雷达子系统、VHF 船岸通信子系统、AIS 子系统、CCTV 监控子系统、GPS 子系统、雷达数据处理子系统、网络传输子系统、显示子系统、船舶数据处理子系统、记录重放子系统、

「保障船舶安全高效通过的长江三峡船闸集控室」

水文气象子系统、支持保障子系统等。系统工程以坝河口通航指挥中心为控制中心，以南津关、石牌、乐天溪、凤凰岭等 7 个雷达站、3 个 VHF 通信基站、1 个 AIS 基站、1 个 GPS 差转台为点，形成“七站一中心”的布局。系统工程结合业务特色和管理需要，通过系统融合、数据接口、交换技术等，具备了 VTS 与 CCTV 联动、VTS 通过 GPS 信息自动识别、GPS 位置和 VTS 位置信息共享、信息交换平台、GPS 第三方公共接口、调度与相关系统的信息共享等三峡通航特点的功能。系统工程运行以来，集信息采集、处理、控制及服务于一体，通过实时的信息采集，对三峡坝上至葛州坝下这一特殊梯级航道水域的交通动态进行了有效的监视，通过掌握船舶动态，判断交通态势，及时纠正违章船舶行为，保障了三峡水上航行安全和船舶安全高效、快捷方便通过船闸，实现了三峡通航业务的综合管理和高效运转。

立体搜救东方之星

2015 年 6 月 1 日 21：30 许，航行在长江监利江面的“东方之星”游轮，在突如其来的 12 级龙卷风的袭击下，顷刻之间倒扣江底。全船 454 人，除 12 人获救外，442 人遇难。这场长江航运史上最大的海难，无异于长江上的汶川地震和“马航”空难。

“东方之星”不幸翻沉
习近平指示全力搜救 李克强现场指挥救援
幸存男子的惊魂一夜
潜水员官东的感人一刻

「“东方之星”倾覆震惊全国」

几乎与此同时，从中央到地方，从行业到军队，社会到民间，一场生命至上，争分夺秒的国家大搜救行动迅疾在

1400 千米的江段全面展开。事发地及下游水域的空中巡航、水面搜救、水下搜救、进舱搜救和全流域的全方位、立体式、拉网式搜救，规模之大，层次之高，涉及面之广，投入人员、设备之多史无前例。

已自成体系的长江水上救助，在这场国家大搜救中，发挥了应有的作用。

游轮倾覆在顷刻之间 巨大的灾难，在晚上 9:30 许猝不及防地降临。

21 时许，上海市民张先生照例和在“东方之星”上的老伴通了一次电话：“她问我上海热吧？我说上海 31 度。她就说，我这里狂风暴雨，她说当时船在风雨中行驶……”

「 倾覆之前的“东方之星”游轮 」

此时，住在四楼 421 房间的吴建强夫妇感觉到风越来越强，雨越下越大：“风和雨都是自北而南过来的，我们北面的房间首当其冲”，“风吹在窗户上，刺啦刺啦地响。雨点子如同横着拍打在窗玻璃上一样”。坐在床头的老伴很害怕，老吴也有一种不祥的预感。

此时，43 岁的旅行社导游张辉和同事还忙着第二天的游览安排。这位劫后余生的幸存者回忆，游轮外面风雨大作，电闪雷鸣。“雨水大多打在船的右侧，很多房间都进水了”。不少房间进水的游客忙着把打湿的被子和电视机搬到大厅，当他从二楼右侧办公室走回左侧的卧室时，他发现船倾斜了。“倾斜度很大，有 45 度。一些小瓶子开始滚落。我捡起来，它们又滚落了”。

觉得很不对劲的张辉跟同事说：“好像碰上大麻烦了。”话音刚落，船突然翻了。与此同时，吴建强的老伴已经滑落在地，头搁在床沿上，而杯子已经从茶几上滚落到门口。房间的地毯盖在了他的头上，吴建强的不祥预感已经成为现实——当他的头露出水面时，他看见船已经底朝天了。

“从杯子倒下，到船底朝天，整个过程差不多只有 1 分钟时间。太快了！”吴建强说。

“时间非常快！”在导游张辉和同事抓到救生衣时，窗户已到了他头顶的位置。等到爬出窗户，水已经漫到了脖子。

此时，与妻子刚刚承包下“东方之星”游轮小卖部的重庆男子余正伟，看到外面风雨交加，急匆匆从船舱赶到甲板上去收衣服。不料刚刚走上甲板，船舶突然大角度倾斜，他整个人被甩了出去。幸运的是，情急之下，他抓到了一个救生圈。

事后，船长张文顺在接受新华社记者采访时说，当时的风在3~4级，从南边往北边吹。他想走背风，往北偏行，想用速度抵住风，但风力突然剧增，船身失去了控制，左满舵也抵不住风。

回忆起当时的情景，轮机长杨忠权说，他从甲板巡视回来就一两分钟，水就涌进了机舱，照明一下就没了，“这时感觉船已翻了”。

「倾覆之后的“东方之星”游轮」

事后打捞出水的“东方之星”，挂在船舱墙壁上的时钟，停摆于9时33分10秒。

次日，中国气象局公布，综合气象监测、气象雷达监测资料和现场查看分析，东方之星事发时段当地出现龙卷风，风力12级以上，龙卷主体位于江面，水平尺度不足1千米，龙卷风持续15~20分钟，属局地性、小尺度、突发性强对流灾害天气。

显然，“东方之星”与龙卷风不期而遇，倾覆在顷刻之间。倾覆地点锁定在长江水域湖北省荆州市监利县大马洲水道44号过河标水域处（长江中游航道里程299.9千米）。倾覆时间锁定在2015年6月1日21时33分10秒。

长江海难发生后，国家主席习近平立即作出重要指示，要求国务院即派工作组赶赴现场指导搜救工作。次日11时40许，国务院总理李克强代表党中央、国务院、习近平总书记急飞事件现场，直接指挥搜救和应急处置工作。总理说，人命大如天。他要求交通运输部等有关方面迅速调集一切可以调集的力量，克服各种困难，争分夺秒抓紧搜救人员，把伤亡人数降到最低程度，同时及时救治获救人员。

「国务院总理李克强在“东方之星”游轮搜救现场」

交通运输部、长航局迅速启动应急预案，海巡艇、航标艇、公安艇和打捞船在第一时间赶到现场。

军队和武警出动了4000多官兵，海军三大舰队均派出了潜水员等救援力量，星夜兼程赶到事发现场。

中央财政紧急拨付1000万元应急搜救专项经费，全力支持“东方之星”游轮人员搜救工作。

一场国家大搜救行动全面展开。

人命救助在风雨之中 6月1日晚22时10分，长江岳阳海事局指挥中心接到了“铜工化666”船员的报警，说看到两人落水求救，因风雨太大无法施救，于是报警求助。

指挥中心迅速启动应急预案，“海巡12215”艇顶风冒雨赶到现场。他们看到两个人，一个穿着救生衣，一个抱着救生圈，顺着江水在往下漂流。

与风雨巨浪一番搏击之后，“海巡12215”艇在23时51分救起这两个落水者。

「救助倾覆的“东方之星”游轮」

40分钟之后，长江海警又成功救起55岁的上海游客胡坚跃和一位来自江苏无锡的游客。胡坚跃是在客轮倾覆的最后瞬间从三层走廊处跃入江中的，经过4个小时漂流后被海巡艇救起。让胡坚跃念念不忘的是，当救援海巡艇来到身边时，他全身无力，已无法自行上船，是一名海警跳入江中托起他的身子，在另一名海警的帮助下他才上艇。劫后余生的他说，湍急的江流险些将海警人员冲走。

从当地气象台的一组数据可以看到当时人命救助的困难和风险：从6月1日20时至2日8时，紧邻事发现场的华容县降了百年一遇的大暴雨。位于沉船点上游的江洲站，12小时降雨量高达255.5毫米，暴雨级别同为百年一遇。

零时30分左右，岳阳市广兴洲镇洪市村村民冯凯敏和朋友驾小船在大风大雨中救起了另一位落水者江庚。他们隐约听到江庚的“救命”呼声后，冒着小船被风浪打翻的危险，花了2个多小时，才救起筋疲力尽，说不出话来的江庚。然后，长江海巡艇快速将江庚送往医院救治。

生命搜救在“水下迷宫”　长76.5米，宽11米，高15米的“东方之星”连同400多人倒扣江底，要从4层船舱、100多个房间抢救困于水下的幸存者，困难重重，但刻不容缓。

6月2日晚上，搜救现场灯火通明，数千官兵上阵。军队和武警官兵共出动4600多人参与救援，动用2架运八飞机、8架直升机、68艘各型艇舟、2支部队医疗救护队等参与救援工作。海军三大舰队和海军工程大学、广州军区派出180余名潜水员紧急赶赴现场，全力搜救沉船幸存人员。

靠上东方之星沉船的第一艘救援船舶，是长江航道救助打捞局的专业救捞船“救绞一号”，它受命于6月2日7点30分赶到失事现场。为进一步稳定沉船，该局“航勘201”也靠上“东方之星”，和“救绞一号”一起呈三角形泊系，形成了一个更大、更稳定的救援作业面，构筑起承载希望的“生命之舟”。作为救援期间的前线指挥部和现场救援平台，两船连续奋战7天7夜，

「水上救助通宵达旦」

「潜水员下水搜救」

为营救沉船幸存者提供了宝贵的潜水平台。

日夜兼程赶到现场的海军工程大学、东海舰队、南海舰队、北海舰队的 180 余名潜水员，迅速组建了 3 个潜水救援小组。潜水员的任务是“连续作战，逐一摸排”，“人歇活不歇”。从6月2日凌晨开始，他们分 3 个班次循环不间断地潜水作业，搜寻生的希望。

长江海事、航道和公安部门在现场增加了执法力量，对事发水域采取禁航交通管制措施。派出海巡艇驻守现场，指挥交通，维护现场交通秩序，为进一步做好搜救工作创造条件。

为了减少上游三峡水库的出库流量，减缓水位上涨趋势，为长江沉船救援创造条件，2 日上午，长江水利委员会对三峡水库进行三次调度，出库流量从 17200 立方米 / 秒减少到 7000 立方米 / 秒。

「三峡水库减少出库流量为救援创造条件」

由于大雨之后加上小雨不断，事故水域江水浑浊。即使在白天，虽然三峡水库减少了放水量，水质浑浊有所改善，但潜水员探照灯的视线范围仅半米。有着 16 年潜水作业经验的东海舰队潜水员张虎成说，虽然有强光手电筒，但江水十分浑浊，水下什么都看不见，只能完全徒手探摸搜寻。

倒扣江底的东方之星如一幢倒立在水下的四层大楼，客舱的所有设施、装饰脱离、脱落，被巨大的水流冲出舱外，堵塞舱门，堵住通道。在这浑浊的江水和混乱的水下迷宫中，潜水员先要挪走一个又一个的障碍物后，再寻找被困者。

东方之星倾覆后，底部形成了一个气垫层，最底部的气仓，将近1米到1米半，有可供人呼吸的稀薄氧气。65岁的朱红美，在客轮翻扣江底时，幸运地抓住、并坐在这个底部气垫层的水管上。这位江苏镇江老人，头露在倒扣的水面之上，在黑暗中坚持了15个小时。叩响她生命奇迹的是长江航道救捞局资深潜水员黄成龙。是他，用铁锤试着敲击“东方之星”船底时，意识清醒的老人敲水管做了回应。

通过朱红美老人这微弱但清晰的敲击声，搜救人员大致锁定了她的方位。3名潜水员与消防官兵商定，采用岸上固定、水下定点的方法救助老人。

长江航道救助打捞局一级潜水员周建，是第一批勇闯沉船实施救援的潜水员之一。他说，虽然确定了幸存者的位置，但是通往幸存者所在气舱的“道路”被漂浮在水体里大量的塑料绳所阻塞，超过1.5米/秒潜水极限的流速、伸手不见五指的能见度、随时有可能缠绕上来的塑料绳，将人困在江底。“水下流速很大，情况不明，还有许多的漂浮物，外加‘东方之星’船体较大，里面错综复杂，这对于潜水员来说都是艰巨的考验”。

面对重重困难，周建和同事没有退缩，他们冒着生命危险，费尽九牛二虎之力清理出了一条救生通道。

中午12时许，他们进入沉船内部，搬走堵住房门的散落杂物，砸开房门。周建说：“当我们进入那个气舱时，被困的老人意识还很清醒，十分镇定，我把自己的手电筒交给了她，让她不至于在黑暗的江底感到害怕。”

「朱红美老人从倾覆的“东方之星”中被成功救出」

3名潜水员把随身携带的一套潜水服为老人穿戴上。然后合力将老人推出水面。岸上，9名消防官兵拼力收绳，老人最终顺利上岸。

21岁的东方之星加油工陈书涵被困在一个狭小的空间，上方满是油污的机舱和机器，呼吸困难。他是在船舱最底部给柴油机灌油的过程中遇

「 陈书涵从倾覆的“东方之星”中被成功救出 」

险的。他在黑暗中无限恐惧和绝望地困了近 20 个小时。几近崩溃、一心“等死”的他，幸运地听到了黄成龙的探查敲击声，等到了在水下来回地寻找的海军工程大学潜水分队潜水员官东。在等待另一名潜水员魏鹏飞过来支援时，官东通过陪他聊天、谈心，慢慢稳定了他的情绪。在自己氧气快没有的情况下，官东把潜水重装具给了小陈。

在陈书涵安全出水时，官东自己却身处险境，被暗流卷入 30 米的深水区。他不得不割掉潜水的压载装具和气瓶，最后憋着气快速浮起。官东浮出水面时，双眼通红，鼻孔流血，耳朵、鼻孔全是机油。

「 “东方之星”被救助出水 」

当时，国务院总理李克强通过望远镜看到了官东出水的全过程。李克强说，那么做很了不起，他把生的希望留给别人，却把危险留给自己。

65 岁的朱红美与 21 岁的船员陈书涵，是整个救援过程中，仅有的、从沉船内被救出的 2 名幸存者。救出他们的是潜水员的多次危机四伏的下潜，是上上下下、方方面面争分夺秒，不言放弃的坚持。

立体搜寻在千里江面 在水面搜救、水下搜救、进舱搜救紧张有序进行时，事发地及下游水域的全方位、立体式、拉网式搜寻也同步展开。

6 月 3 日，沿江搜索范围向下游扩展 220 千米，沿江地方政府和村民开展地毯式搜救。

6 月 6 日 4 时 20 分，始于 6 月 5 日傍晚的东方之星船体内部大规模搜寻行动刚一结束，杨传堂部长就在搜救现场指挥船“航道一号”主持召开

「 立体搜寻在千里江面 」

工作会，要求各单位按照“不停止、不放弃”的原则，全力做好下一阶段的搜寻工作。交通运输部再次发出通知，要求沿长江水域段内各涉水单位、港航企业、船舶、设施协助搜寻失踪人员，发现后立即报告海事部门，尽最大努力搜寻遇难者遗体，以实际行动表达对逝者的尊重、对家属的慰藉。并组织、协调 254 艘船舶、2504 名水上搜救人员开展搜寻遇难人员工作，搜寻范围自长江中游事发水域扩大至上海吴淞口。

空军 1 架直升机在事发现场和下游江面开展低空搜救。

事发地附近的华容县、君山区、岳阳楼区、临港新区、云溪区、临湘市等 6 个县（市、区），在所辖范围内的沿江岸线设立了搜救点，搜救点由 19 个增至 27 个。事发后的 7 天 8 夜，岳阳市共组织 12819 人次，船只 197 艘、830 船次参与搜救，救起落水者 2 人，打捞遇难者遗体 23 具。

武警岳阳支队搜救船连日巡查，希望能在沉船下游发现东方之星船体扶正后出现的遗体。但是，搜救船逆流而上百余里至“东方之星”打捞现场，并没有搜寻到令人揪心的遗体，甚至连船上的物品也很少。搜救官兵说，从他们连日来的巡查情况看，并不是所有的遗体都会浮上水面，即使浮上来也非常隐蔽。6 月 5 日早上 6 点左右，他们在一水域发现的一名女性遇难者，就是被杂草覆盖着的。搜救船只能慢慢搜寻，发现可疑的漂浮物或者阴影就停下来查看，但往往都不是他们搜寻的目标。

来自全国的多支民间救援队也赶到监利参与搜救。

6 月 3 日，来自全国各地的红十字蓝天救援的 38 支队伍、170 多人，携带各种救援装备，在岳阳市集结。他们以城陵矶水域为中心，重点搜救上下 50 千米范围的水面，同时对重点区域进行水下打捞。其中 28 名志愿者携带无人机和声纳设备前往沉船现场进行辅助救援，其他 100 多名志愿者，则在长江岳阳水域协助搜救。

武汉云豹救援队的 10 名队员，乘坐两辆救援车，携带 3 架无人机和

「6月7日为“东方之星”遇难人员举行哀悼活动」

2艘冲锋舟，在6月3日10：00赶到监利。他们曾经走出国门，奔赴尼泊尔地震灾区抢险。

6月3日晚上8点，由7个绍兴人组成的户外救援队，携带绳索、对讲机、定位器等户外救援设备，从绍兴出发，4日上午11点赶到事发现场，并与现场的指挥部联系。根据整体搜救安排，事故核心区域的搜救工作主要由部队负责，事故船只下游10~20千米水域由民间救援队负责搜寻。队长杨锦说：“我们和全国各地赶来的救援队一起，分区域搜寻下游江面。”6月5日上午9点半，他们在游轮沉没处下游20千米左右的江面上，发现、打捞起一男性乘客尸体。

数千人参与的沿江立体拉网式、地毯式大搜寻，从6月3日持续到13日。

6月13日，“东方之星”号客轮翻沉事件前方指挥部新闻中心召开新闻发布会：全部遇难者遗体均已找到。确认的442具遇难人员的遗体移交给家属。

长江大搜救至此结束。

13个日以继夜、通宵达旦，312个小时的争分夺秒，数千搜救人员的全心救助，全社会的爱心付出，绘就了一幅国家大搜救的宏伟画卷，谱写了一曲荡气回肠的长江大搜救交响乐。其主画面、主旋律是各有关方在应急救援全过程贯穿的“不放弃任何一丝救援希望，给逝者最大尊重”的时代强音；是认真分析疑点难点，对存在的各种风险的相应防控措施和应对方案；是一以贯之的科学调度和科学施救；更是中国政府所积累的、高效运转的灾难事故举国救援机制和将灾难中的个体生命置于第一要位、为挽救生命而不惜成本的国家观念。

生命至上，大爱无疆。一切以人为本，一切以尊重和敬畏生命为最高原则的“长江大搜救”，将永远载入共和国史册。

| 从无到有　古代引航的萌芽 |

江河行船之难，船难事故之多，使驾船人自然而然想避开灾难。在船难时有发生的江河险段，他们聘请熟悉当地水情的驾长帮助引领船舶前行——引航就这样产生了。

趋吉避凶是人之常情。江河行船之难，船难事故之多，使驾船人在吸取无数前人经验教训的基础上，自然而然地想要避开灾难。他们在那些船只难以通行、船难时有发生的江河险段，寻找、聘请熟悉当地水情的老水手、老驾长，帮助自己引领船舶前行，引航就这样产生了。

很早以前，在我国内河航行的船舶，是没有引航员的。当时船员分工并不严格，引航员与船员之间有着重合性。也就是说，很多时候，船长和驾驶员往往也是引航员。只是在特殊情况下，需要引航人员时，才派有经验且熟悉相关航道情况的驾驶员充担引航员。

引航是随着航运业的发展和航运技术的进步才出现的。

据《三国会要》记载，双方水战，在舟船起航前，要发鼓令声三次。第一次擂鼓，将士严阵以待；第二次鼓响，部队就位；第三次鸣鼓后，大小战船立即按舰队阵形开航，各种战舰之间，左右前后是严禁错位的。吴国的水军战船在航行、编队和入港时，都由具有一定航行和驾船经验的水兵来引导，并用旗帜和信号旗，引导军船靠泊港口营地。

唐元和十四年（公元 819 年），诗人白居易从浔阳（今九江）乘船溯江而上。他在《入峡次巴东》一诗中写道：“两岸红旌数声鼓，使君艛艓上巴东。”陆游在《入蜀记》中，两次记载了舟船在鼓声中开航的史实，“六月二十六日，五鼓发船，舟人记伐鼓”。“九月二十七日，解舟，击鼓鸣橹。舟人皆大噪”。由此可见旗鼓引航的一斑。

明永乐十年（公元 1412 年），陈瑄等在青浦“筑土为山，立堠表积”，建成了广百丈、高三十余丈的土墩，其上“昼则举烟，夜则明火”，引导船舶进入长江。

唐宋时期，中国与东南亚、阿拉伯各国有了海上贸易。约在唐开元二年（公元 714 年），唐朝在广州设立“市舶司”，管理外国商船的入港与中国商船的出海。

北宋兴国八年（公元 983 年），官府在长江三峡的险要之处——夔门，设立了水上交通管理机构，派兵在航道的险要江段执旗导航。南宋诗人范成大在《吴船录》中记载：“每一舟入峡数里，后舟方敢续发，水势怒急，恐猝相遇不可解析也。帅司遣卒执旗，次第立山之上、下一舟平安，则簸旗以招后船。”过往船舶看引航的旗帜有序通过险要江段。

元朝为了保证漕粮的运输安全，在长江下游的太仓刘家港一带岸边竖起岸标，“昼则悬旗，夜则挂灯”。还设置“指浅提领”，为过往船舶安全出入长江口指引航道。

「1911 年的瞿塘峡」

明朝政府出于国防安全的考虑，在太仓浏河口设立了“六国码头”。规定凡是驶往南京的外国船只，必须停在“六国码头”接受朝庭有关官员检查，再由“火长”或“惯熟艄工”引航至南京，对进入长江的外国籍船舶强制引航自此开启。

由于川江通航环境复杂，船舶航行艰难，下游船舶入川，船东一般都在沙市、宜昌请熟悉川江航道的当地船民，即“招头”，替代船长引领船舶入川。

赣江水运繁忙。所谓“日望赣江千里帆，夜观庐陵万盏灯”。庐陵即今天的吉安市。吉安居赣江中游，境内通航河流众多，造船业特别兴盛。史载，南宋建炎二年（公元 1128 年），“全国造船 2676 艘，其中吉州造船 898 艘，数量之多，居全国之冠”。吉州建造了这么多的船只，加上南来北往的漕船、商船，都要航行于赣江，很多还要过十八滩，需有经验丰富、熟悉航路、了解水情的“滩师”（即引水）引航。当年，十八滩两岸，有很多拉纤人，也有一些胆大的“滩师”。为了挣钱养家糊口，他们拿着身家性命与滩险相搏相拼。很多过滩的船只到这里，也往往把命运交到他们手里。拼过了就活，拼不过就葬身于激流。

长江船舶引航从无到有，从萌芽状态到成熟壮大，走过了漫长的历史岁月，经历了由声光引航到旗帜引航，从标识引航到人工引航；从为国内船舶航行安全引航到为国防安全对外籍船舶强制引航的历史过程。

标识引航　船工智慧的结晶

在航运技术尚不发达的古代，最早出现的并不是人工引航，而是在岸边设立引航标识，这些标识往往是一面旗帜，一根竹竿；或是一缕灯光一堆烽火；亦或是一面石壁，几个大字。

在云阳县城东江面，因崖石伸延江中，形成一个激流险滩。滩石如猛虎利齿，汛期水流十分紊乱，常吞没过往舟船。咸丰四年（公元 1854 年），人们在江边的岩石上凿了一尊宝塔，于是这里称作“宝塔滩”。船夫撑船经宝塔处时，依水势决定何时通过。民间流传着“水浸宝塔脚，下舟休要错；水淹宝塔顶，十船九个损”的谚语。提醒行船适时过滩。宝塔成为提示过往船只安全通行的原始引航标识。

长约 138 千米的长江西陵峡，自西向东依次排列着兵书宝剑峡、牛肝马肺峡、崆岭峡、灯影峡、宜昌峡（黄猫峡）等五个峡区，分布着青滩（亦称新滩）、泄滩、崆岭滩、腰叉河等众多险滩。

青滩、崆岭滩最为著名，为长江三峡“险滩之冠”。

有诗为证：“西陵滩如竹节稠，滩滩都是鬼见愁。青滩泄滩不算滩，崆岭才是鬼门关。”历史上，不知有多少船只被撞沉在西陵峡，也不知有多少人被西陵峡江水所吞噬。

崆岭峡中有一个叫“大珠”的石梁，长约 200 米，宽 40 米，高 15 米，纵卧江心，把江流分为南北两槽。其中有一块礁石位置极为险恶，四周漩涡密布，流急浪高。船行至此，若是躲避，就非触礁不可。只有将船

「被誉为“险滩之冠”的西陵峡」

头对准礁石，直冲过去，才能使船身顺着水流擦礁石而过。于是人们就在礁石上刻下“对我来”三个大字，提示过往船工只有对着礁石航行，才能避免船翻人亡的惨祸。

崆岭峡礁石上的“对我来”三个大字是何时何人所写，已无法考证。但乾隆年间，忠州刺史甘隆滨在川江折尾子滩刻写“对我来”，史上却是有记录的。

川江忠县境内有一险滩，滩险流急。江南岸又有一山崖挺立江中，形成了之字河道。过往船舶如果没有对准航向，即使奋力抢过滩头，不是船头被撞，就是船尾被折断，继而发生灾难。于是，人们将这个险滩起名叫“折尾子滩”。

折尾子滩时有发生的船舶遇难事故引起了有识之士的重视。乾隆四十年（公元 1775 年），忠州刺史甘隆滨亲自探寻折尾子滩的正确航路。他乘船多次上下往返险滩，最后终于弄清船舶安全行驶的航向，然后又在挺立江中的山崖石壁上，刻下了“对我来”三个大字，给过往行船指引正确航向。据说这凿有“对我来”三个字的石壁，是川江最早的山体引航标识。后来瞿塘峡入口处的滟滪堆，西陵峡中的崆岭滩，都是仿效忠县折尾子滩的石壁凿刻。

看水引航　激流放排的高手

在长期与水打交道的实践中，一些优秀、称职的驾船人，摸索、总结、传承了丰富的驾船经验。在漫长的、没有科学仪器依靠和引导的年代，他们慢慢熟悉了船舶所经河流、湖泊两岸的自然地理特征，懂得了弯曲航道，水面、水下障碍物对船舶转向、掉头、会让的影响，渐渐掌握了船舶所经水域的水流速度、流态变化等水文态势，并藉此准确地判断航道水深能否满足船舶航行安全要求。对航行途中危及船舶航行安全的风雨雾等灾害性天气，也能防患于未然。也就是说，他们一般靠识别地形和水势来驾驶、引导船舶，即看水行船，看地形行船。

「扳动排筏大招的招手」

与驾船相比，放排要困难得多。船有桨有舵，桨用来划船，舵用来掌握方向，操作比较灵活。而木排只能用招（棹）调整排队的方向，比较困难。排筏一般很大，很笨重，又只能借用河水流动的力量来行驶。要停排也相当不容易。招手扳动大招，先将首排指向右侧岸边。排工们站在木排的边缘，手握招柄，骑马蹲裆式，双臂随着身体有节奏地左右扳动大招，使出浑身解数才能迫使木排向岸边停靠。

放排人常说“船飚一丈，排飚一望”。意思是说船在距离滩头一丈远的地方，还来得及调整方向避开危险，而放排就要远远探望滩头位置，判断滩头对放排的影响，早作准备，不然就来不及了。

险滩是放排的最大障碍，也是放排人面临的最大危险。

在云贵川，两湖赣，苏沪皖，凡有江有河的地方，都能见到放排人的身影。一些地方称他们为“艄排工”，湖南沅江一带称他们为“排古佬”，把闯滩称为“飚滩”。排筏雇请的上排飚滩的人，叫“飚滩师”，他们实际上是激流放排的引航人。

放排人大多是一些年轻体壮、骁勇彪捍的男人，都会游泳，能吃苦。他们长年在水中摸爬滚打，千锤百炼，都练得一身过硬功夫。在排筏蔽江的沅江，有一些名噪一时的放排高手。他们不是一般的排工，而是领排人、招手（即舵手）、飚滩师。

杨章发就是沅江上一位技术高超的领排工。他聪明灵活，手脚麻利，飚

「飚滩师是激流放排的引航人」

滩果断。他在排头右边执招，总是拖着长声“左——噢”。在排尾扳招的两个排工听到他的口令后，立即到右边双手扳招，用全身力气从左往右划，排尾就顺顺当当地摆往左边。排筏过黄狮洞，左右两边都是礁石，激流穿过其间，发出巨大的声响，犹如狮吼。

排筏只能从稍比它宽的水道通过，不然就会撞在锯齿般的礁石上，不仅排筏要全部散架，排工也有生命危险。

杨章发总能镇定自如地指挥，那排筏就像一条游龙，从右往左插入水道，并笔直地、快速地驶过狮子口。虽然黄溪口险滩不像黄狮洞那样咆哮吓人，但水道像九曲桥一样，忽左忽右，要过也不容易。排筏必须走“之”字形，弄不好失去控制，排筏就要窜上岩去，再迅即倒过来，排尾变排头，将排打烂，人也有生命之忧。杨章发指挥沉着，忽左忽右，排筏像蛇一样，利索地过了黄溪口。

辰洲滩是沅江上游的第一险滩，水道狭窄，水流湍急，水声像雨天的闷雷，主流咆哮着直奔岩壁。为警示过往船舶和排筏，在激流处的岩石上刻有“辰洲险滩”4个大字。这里十几千米水道，由西南折向东北，几乎成90度急弯，首排如果撞在岩壁上，整个排筏会立即竖起来。排工如不自救，就会粉身碎骨。每次过滩之前，杨章发都要求排工们全面检查、加固排筏，并在后排加一把招。临过滩之前，杨章发就发出靠左的指令，排头和排尾的排工便使劲将招从左往右扳，整个排筏向左岸，两头翘成了“》”形。当排筏接近刻有“辰洲险滩”岩石处不到百米时，不管排工怎么使劲，排筏总是离岸越来越远，似乎要向岩壁横撞过去。排工使出吃奶的劲，拼命地划，防止排筏撞向岩壁。50米、40米、30米……直到杨章发出“换招”的口令，排工们迅速换招，才能将那“》”形的排筏一下子打得顺直，然后紧贴着岩壁飞驶而过。每次闯滩过后，排工们个个浑身湿透，全都软瘫在排筏上。

沅江险滩众多，每个险滩状况都不相同。滩有陡有平，水道有宽有窄，有深有浅，江水有急有缓，河中岩石有大有小，水中礁石有明有暗。既有水面上的滩嘴，也有水下看不到的暗礁。在枯水季节，放排走船的水道特别狭窄，七弯八拐。排筏进了这样的险区，如果飚滩失败，排筏撞上滩头，轻则四分五裂，解体流失，重则排散人亡。

飚滩不是每个排筏的领排人都能担当得了的，必须雇请专业的飚滩师进行引导。

那时候，从沅江上游漂下来的排筏，一般到了沅陵之下的鸦雀潭都会停下来，请当地的飚滩师上排，在他们的引导和指挥下，才能放排下一个险滩——青滩。

飚滩师一般都是当地人，平常在自己家里做农活，有排筏雇请他们时，才一展身手，挣一口生死钱。因为干这行当的人，是一胯骑在阎王殿的门槛上——一脚踩着生，一脚踏着死！

飚滩师对本地河道中的一礁一石，对滩上的一草一木都了然于心。排筏能不能下滩，在什么时候、什么情况下下滩，飚滩时如何操作，都得听他们的。

「放排人与惊涛骇浪的生死搏斗」

在飚滩师的引导下，排筏进入滩口，只见十里长滩上白浪翻滚，斗大的漩涡打着转转，急湍的流水声雷鸣般地轰响，排筏上的排工互相讲话，都要扯起嗓子大声吼，不然的话，根本不知道对方在说什么。

要飚滩了。排上的人各就各位，一个个如临大敌。所有人都神情专注地盯

「 放排人与大自然的较量 」

着飚滩师，竖起耳朵听他的指挥。飚滩师不停地大声喊着“前头扳起”，“后头扳起”。按照飚滩师的口令，大家拼命扳水招。在这生死的关头，谁都不能有半点的马虎，更来不得半点的闪失。

排筏冲进溶口后，像匹脱缰的野马，飞一般地随着翻滚的波浪上下起伏，颠簸前行。溶口太窄，水流太急，排筏不时擦着左右的礁石，被撞断的木头嘭嘭直响，令人心惊胆战。

就这样，在这令人惊心动魄，提心吊胆的十多分钟里，排筏在忽左忽右的挨挨擦擦中，经历多次的碰碰撞撞后，才冲出险滩，进入到比较平缓的水面。

闯滩是放排人与大自然的生死较量。闯过滩头，有惊无险。滩头折戟，则排散人亡。

随着陆上运输的发展，放排这一行当已退出历史舞台。如今，人们仅能从《没有航标的河流》、《闪闪的红星》和《闯关东》等影视剧中，一睹这古老行当的浮光掠影。

歌谣引航　成功闯滩的秘诀

放排不会滩头歌，一生枉到河边梭。
放排要会滩头歌，不晓滩头跟我学。
木排龙头开了头，祭了河神杀了牛。
（以往为表示吉祥，开船、开排都叫“开头”。）
拜了菩萨心放宽，前面就是鸦鱼滩。

鸦鱼滩，河面宽，水浅浪急排行边。
到了滩头棹一扳，木排来过大转弯。
鸦鱼过了是田球，木排顺着船溶走。
过了田球慢慢划，前面到了夕洞峡。
………

这是曾经流传在湖南沅江上的一首放排号子——“滩头歌”。它是放排人将通过某些水道时必须采取的操作要领编成的压韵顺口的歌诀，以便记忆。

历史上，沅江的放排路线是，从沅江北面的支流酉水河开始，（酉水河发源于湖北宣恩，经来凤县、龙山县向西南方向流经重庆的酉阳县，故称“酉水”。放排人称其为“北河”）再折向东流，经重庆秀山县进入湖南，经花垣、保靖、古丈、永顺进入沅陵县汇入沅江，经桃源县常德市入洞庭湖。

“滩头歌”囊括了从酉水河到沅陵县、到放排的终点常德近千里水路上几乎所有著名的险滩急流以及所要经过的地名。

车有车站，排有排口，排行到什么地方了，有哪座滩，这座滩应该如何放排，歌里都有交待。

“滩头歌”实际上是一首引航歌，是老一辈放排人毕生放排经验的总结，是放排人心中的引航海图。

「长年累月生活在江河的放排人」

长年累月在沅江放排的排工，特别是领排人，对行经水道的港汊、弯道、险滩都一清二楚、心中有数，对“滩头歌”，更是滚瓜烂熟。初入此道的排工，只要在这个水道放排，背熟记牢并灵活运用“滩头歌”，放排才会有安全保障。

放排过程中，对领排人威胁最大

的是过弯曲水道和急流险滩。

「中越界河——归春河上的竹筏」

急流河段多处于两岸高山峡谷中，河段上端和下端水面高度相差很大。落差越大，水流动的动力就越大，水流速度就越快，一般流速超过 3 米/秒以上称之为“急流”。木排在急流的推动下，会像箭一样冲向下游。这时候，靠的是领排人平时对沿路水情水势的了如指掌，凭的是艺高人胆大，讲的是眼疾手快。因为，生死就在须臾之间。

有经验的领排人懂得，急流水道中放排要首选主流。主流与水道中的总体水流方向一致，与两岸距离基本相同。木排只有处于水道主流上，才能保持较好的离岸距离，从而保证排队安全。

在长江三峡瞿塘峡的入口处，有一个滟滪堆，这里暗礁密布，漩涡满江，水势极乱，船舶撞上礁石即沉，驾船人到此往往犹豫不决，不知道江水在什么样的状态下才能航行，才能闯过夔门。《益州记》记载：“滟滪堆，夏，水涨，没数十丈，其壮如马，舟人不敢进。”

长期往来与三峡的驾船人，经过对滟滪堆水情的长年观察，总结了滟滪堆一带的水情变化，用生动形象的比喻，反映了在不同水位下，滟滪堆的状态，并写成一首《淫滪歌》：淫（滟）滪大如马，瞿塘不可下。淫滪大如象，瞿塘不可上。淫滪大如牛，瞿塘不可流。淫滪大如幞，瞿塘不可触。淫滪大如鳖，瞿塘行舟绝。淫滪大如龟，瞿塘不可窥。告诫船家不要冒险过滩。

「盘踞于瞿塘峡入口处的巨石——滟滪堆」

《淫滪歌》在峡江船家中经过了较长时期的传唱、增补，才日臻丰富，后被南朝乐府和文人们采录。它是世代峡江行船人闯滩过峡的经验总结，是历代船夫血泪的结晶，也是特殊形式的引航文字，更是行船人与大自然博弈的激流壮歌。

新滩古镇　川江引水的摇篮

「 秭归县新滩古镇 」

湖北秭归县是世界文化名人、伟大浪漫主义诗人屈原的故乡，秭归县的新滩古镇，还是培养长江引航员的摇篮，也是川江引航员的发源地。

在陆路入川“蜀道难，难于上青天”的古代，水路成为古人入川的唯一选择，从长江三峡入川被视为一条捷径。秭归因地处水运环境险恶的西陵峡畔而造就了一大批为进、出川船舶拉纤、放滩、引航的高手。特别是秭归的新滩古镇，众多的优秀引航员从上万名船工中脱颖而出。据统计，民国时期，川江上的新滩籍引航员多达千人。

考虑到峡江行船艰险，许多出川船只行驶到湖北、江苏后，就连货带船全部卖掉。一些回川的船只，经过秭归西陵峡青滩时，先要将船上的货物卸下来，雇用纤夫将空船拉纤上滩，俗话称为“起驳”。那些出川的船舶顺流而下过青滩时，因为对水道不熟悉，不敢冒然放船下滩，要请岸上的滩师、引水（即引航员）指点，俗话称“请驾长”。

在青滩放船下滩，当地称“打青滩”。峡江拉纤号子里就有：“打青滩来绞青唯，祷告山神保平安。血汗累干船打烂，要过青滩难上难。”青滩的驾长都是“打青滩”的高手，世代以此为生，且引航技能传内不传外。

「1946 年的西陵峡青滩」

据 1920 年《湖北通志》记载："青滩巨险，上下船只行至滩头必须请本地熟悉水性的人放溜过滩。两岸船民每天集聚百人于滩头，商货船只至此，争相为其引水放滩。放滩水手都是青滩本地人，系专门技士，均自幼开始学习放滩，等同于世袭，非它处驾长舵工可比。"

秭归新滩镇就在"险滩之冠"的青滩之畔。

进、出川船舶巨大的航行需求，为新滩人在水上讨生活提供了市场，他们为进川的船只拉纤、绞滩，为出川的船只领水、掌舵、放滩。虽然为此有不少人葬身急流险滩，但后继者仍然义无反顾。险恶的生存环境铸就了新滩人的胆识与勇气，一代代新滩人在与大自然的博弈中认真探索、灵活运用、勇敢驾驭川江的自然规律，练就了一身领水、放滩的过硬功夫，川江上的许多优秀领水，很多都出自于新滩。

事实上，秭归新滩镇之所以涌现如此之多、如此优秀的引航员，与一个名叫普兰田的外国人密切相关。行文至此，就得说说被载入川江航运史的两个著名英国人——立德乐和普兰田。

开创首航宜昌到重庆壮举的第一人就是特立独行的立德乐。

「1911 年通过西陵峡青滩激流的船只」

在 1883 年 2 月出版的英国《大不列颠名人录》中，立德乐被誉为"开发中国西部第一人"。立德乐之所以成为英国名人，是因为他写作出版的一本书——《经过扬子江三峡游记》在英国引起了很大的反响。书中记载了他和妻子乘坐小木船成功探险川

「1883 年 4 月，立德乐夫妇乘坐小木帆船航行在巫峡」

江航路的经历。

1883 年 2 月，立德乐与妻子从上海乘客轮到达武汉，然后雇用一艘木船行至宜昌，再换乘一种适合川江急流险滩的小船，于 3 月 18 日进入三峡，踏上了川江航道的探险旅程。

立德乐的妻子阿绮波德也是一位喜欢冒险的英国女性，她崇拜哥伦布，酷爱文学与摄影。共同的冒险性格，使她与同样热衷冒险的立德乐走到了一起。她支持立德乐探寻川江航路的大胆行动，并毫不畏惧地一同前往。

经过 20 天的川江航路探寻，1883 年 4 月 7 日，立德乐夫妇乘坐的小木帆船终于到达目的地重庆。此时，他们离开上海已经整整 59 天。

「重庆南滨路上的立德乐洋行旧址」

木船的宜渝航路探寻，坚定了立德乐驾驶轮船行走川江的信念。他认为，只要轮船吃水浅，操纵灵便，马力强大，便可开进川江。

1898 年 2 月 15 日，年近 60 的立德乐和妻子，在宜昌登上了一艘用煤炭作动力燃料，名为“利川”号的小火轮去重庆。

「立德乐驾驶的“利川”号小轮船」

这是一次史无前例的川江探险之旅，也是立德乐和妻子第二次全程探寻川江航路。

利川轮行至川江著名的兴隆滩时，利川号虽然自身有动力，但自重 10 吨，远比木帆船吃水深，根本过不了险滩，得减载卸货。

过滩时，立德乐雇请了 300 余

名滩夫拉纤。为了避免船头偏向而驶入急流发生灾难，200多个滩夫用三根缆绳往前拉，另外几十个滩夫用几根短纤绳拴住船身，与船成直角，斜着拉，极力将船稳住。

「1910年，正在等候拉船过滩的川江纤夫」

经过整整22天险象环生的航行，1898年3月9日，遍体鳞伤的利川轮破天荒地抵达重庆朝天门码头，成为成功首航川江的第一艘铁壳轮船，立德也成为第一个驾驶轮船全程航行川江宜渝段的船长。

为了纪念这位开创川江航运先河、从1859年至去世前一年的1907年基本上生活在中国的英国人，朝天门“重庆名人馆”雕塑的200位重庆历史名人中，立德乐便是其中之一。至今仍立于重庆南岸南滨路上的“立德乐别墅”，房梁上的一排字母，刻的则是他的夫人阿绮波德的名字。

「被誉为“开发中国西部第一人”的立德乐雕塑」

与立德乐相比，第二个英国人更了不起，因为他驾驶的是一艘真正的钢铁轮船，而不是立德乐那种木壳“小火轮”。这位船长，就是普兰田。

“利川”首航重庆成功后，由于吨位太小，从商业角度看价值并不大。1899年，出资创办了扬子江贸易公司的立德乐，在英国丹那船厂订造了一艘可载货150吨的商轮“肇通”号，准备航行川江，开展商业性航运。

在川江航运史上，只有立德乐驾驶“利川号”木壳小火轮到达重庆，但它只有10几吨。而“肇通”号重达300多吨，与“利川号”不可同日而语。谁有能力驾驭这艘马力大、重心低、吃水浅的船舶，开商轮入川先河呢？

经英国驻华使节和立德乐反复掂量，他们选中、聘请了自己的同胞普

「普兰田驾驶的“肇通”号」

兰田为“肇通”号船长。

“肇通”号开到宜昌后，普兰田以探险家的敏感和科学家的素养，全力收集三峡的水文资料，详细了解三峡险滩的分布和水情，并打听到三峡各地一流的木船驾长和精于闯滩的桡工纤夫，一一记在本上备用备查。

经过充分、精心的准备，1900 年 6 月 12 日，普兰田拉响了起锚的汽笛，开始了他驾驶商轮，开拓川江航线的非凡航程。

这一年，普兰田 34 岁。

“肇通”号由宜昌逆流西上重庆时，正是川江的洪水季节。在经过西陵峡泄滩时，不得不绞滩。由于船舶重达 300 多吨，绞滩时竟绞断 2 条钢缆才过滩。航行途中，船舶产生的尾浪又浪沉了两只小船，导致两人淹死。经过 13 天的艰难航行，1900 年 6 月 25 日，“肇通”号终于平安抵达重庆，普兰田为英国商船进入川江开拓了一条航路。“肇通”号也成为进入川江的第一艘商轮。

普兰田知道，峡江通航轮船后，将需要大量懂航行并熟悉三峡航道的技术船员，大量木船驾长和船工也将因此而失业。而新滩的木船驾长多，有多年驾船经验。经过多年与急流险滩的拼搏，的确打拼出了不少精于驾驭木船的驾长和引水。他们非常熟悉三峡的“九滩十二峡，二十四珠像獠牙，还有七十二个过碛填坝”，很会应对漩涡水、回流水、马档水、五花水、出泡水、一面水、竹筒水、卧漕水、吊梗水，熟悉这类水态下面的河床结构。可他们并不懂得水文地理，也不会英语。对进入峡江的机动轮船的机器设备，更是陌生。普

「1911 年重庆城通远门」

兰田认为，只要通过一定时间的培训，这些人就会很快掌握驾驶轮船的技术。

普兰田将船员、轮机、领江的培训点选在青滩寺大岭上。他特别重视从那些木船驾长出身的人员中培养领江。经常带着学员出去查看三峡地形和险滩情况，回家后绘制图表。普兰田将自己多年调查、收集的川江航道水文资料和驾驶轮船航行川江的经验和技巧，写成中英文对照的《川江航行指南》一书，传授给新滩的船工们，还教他们学习英语。

「1910 年西陵峡巴东牛口滩正在拉船过滩的纤夫 」

在普兰田的培养下，新滩寺大岭上成长出一大批土生土长的驾驶机动船的船员、舵手和领江。如陈兴发、杨成德、杜嗣祥、徐大海等，他们娴熟地掌握了引水技术，还能用英语会话，成为川江知名的大领江。

一些人学有所成后，又从家乡带出一批批船工，学习领江。一些人则子承父业，世代相传。20 世纪 30 年代末，航行在川江上的轮船基本上都任用本土领江，仅新滩、泄滩、黄陵庙三地就有 200 多位船工走上领江岗位。据《秭归县交通志》统计，从机动船开进峡江开始，到 20 世纪 80 年代中期，新滩一带共产生了 900 多名领江！他们深谙峡情、水情、滩情、礁情，成为峡江上一支不可替代的引航队伍。

青滩人陈兴发既是普兰田带出的第一位峡江本土领江，也是第一个与普兰田合作驾驶轮船成功到达重庆的领江。

1908 年 9 月，普兰田驾驶“蜀通”号客货轮从宜昌驶往重庆。陈兴发作为中国籍引水员第一次与外国人合作。普兰田曾在《万县报》上发表文章，赞扬另一位领江杨成德驾船技术娴熟，引航一丝不苟，称赞他为“分水龙王”。作为外籍主管的普兰田，如此高地评价一个普通的中国船工，既抒发了他对船工的真情实感，也表明了他对杨成德驾引技术的认可。

「当年立在青滩镇东寺大岭上的蒲兰田君纪念碑」

新滩人杜嗣祥成为最著名的川江“四大领水”之一。杜嗣祥（约 1881—1958 年），10 多岁就帮人拉船、推桡，长年往返于峡江航线上，成为三峡川楚八帮中长旗帮最年轻的木船驾长。30 岁时，被美国“土雷威尔”轮聘为领江。之后陆续多次出任外轮和华轮的大引水。抗日战争时期，他被民生公司董事长卢作孚所聘，成为“民勤”轮大引水。为避开日本飞机轰炸，杜嗣祥冒着生命危险夜航，在既无标灯又无夜航设施的情况下，闯过重重险滩，成为三峡夜航第一人。

1920 年，普兰田巡江司任职期满，由于多年的劳苦，他已疾病缠身。1921 年 2 月，他告别川江回归英国，不幸在途中病情加重，猝然辞世，享年 55 岁。消息传到川江，上下轮船经过新滩北岸他曾经工作和居住的那间黄色小平房时，都长鸣汽笛表示哀悼。普兰田逝世后，人们按照他的遗愿，将他安葬于中国香港。

1922 年 12 月，川江航业界人士自愿捐资，从湖南运来重达千斤的花岗石，为普兰田建起一座高 12.5 米锥顶宽座的石碑，用“霸王车”绞上新滩北岸寺大岭，名“普兰田君纪念碑”，铭记这位对川江航运作出重大贡献、受人尊敬的传奇外籍人物。1924 年 11 月 15 日举行了“蒲巡江工司纪念碑落成典礼”。

中国改革开放后，历史学术研究中的极左思潮得到拨乱反正，普兰田重新受到航运界人士的尊崇。秭归县政府将普兰田纪念碑确定为文物保护对象，并进行了修复，重新搬迁于屈原镇中心广场。

「重新搬迁于屈原镇中心广场的普兰田纪念碑」

| 国门洞开　近代引航的屈辱 |

1840 年鸦片战争的失败，《南京条约》等一系列不平等条约的签订，广州、福州、厦门、宁波和上海 5 个通商口岸的开通，中国主权一步步丧失，包括引航权在内的长江航权也逐步落入列强手中。

中国是一个古老的封建国家，幅员辽阔。清朝后期的封建制度，已严重地阻碍了生产力的发展。由于在对外关系上长期推行“闭关锁国”的国策，逐步落后于世界进步大潮，因而成为殖民主义者侵略扩张选择的最佳对象。

「 近代游弋在长江的外国军舰 」

1840 年鸦片战争的失败，《南京条约》等一系列不平等条约的签订，广州、福州、厦门、宁波和上海 5 个通商口岸的开通，中国主权一步步丧失，包括引航权在内的长江航权也逐步落入列强手中。

为了夺回江河航权，近代中国人民在屈辱中抗争，书写了一部反抗殖民压迫剥削的悲壮历史。

长江航权丧失

1843 年 11 月 8 日，一位不速之客乘坐一艘叫“美尔萨”的轮船，越过太平洋，通过长江口，进入黄浦江到达上海。

此人就是英国驻上海第一任领事官巴富尔，“美尔萨”轮也成为外国列强侵入上海港口的第一艘外国商船。

6 天之后，这个英国人在中国的领土上宣布，从 11 月 17 日起，上海港正式对外开放。

「 近代汉口英租界 」

「 1911 年汉口守卫欧洲租界的英国水兵 」

此举开外国领事干涉中国港口主权的先河。

就在一年前，这个被北海、英吉利海峡、凯尔特海、爱尔兰海和大西洋包围的大不列颠群岛上的、仅有24.36万平方千米国土面积，约6000万人口的岛国，竟然远涉重洋，用坚船利炮轰开了泱泱大清王朝的大门。

此时此刻，仍然做着“天朝上国”美梦的清朝政府哭笑不得。对撇开清政府，在自己家里发号施令的“夷人”巴富尔，道光皇帝是一脸的无奈。

「 近代汉口的法租界巡捕房 」

自清朝初期到 1840 年，中国是一个独立的封建主权国家。一度强盛的大清王朝，从乾隆末年呈现江河日下之势。而英、法、美等国资本主义却在迅速发展。从 18 世纪 60 年代起，英国开始了工业革命，到 19 世纪三四十年代，大机器工业逐渐代替了工场手工业。英国工业的发展，工业产量急剧上升。为了不断扩大产品销路，资产阶级奔走于全球各地，努力寻找新的资源及产品生存空间。

1840 年第一次鸦片战争爆发。8 月 4 日，英舰逼进南京下关江面。随后，英军从燕子矶登陆，扬言进攻南京城。8 月 29 日，在英军坚船利炮的威慑之下，清廷在静海寺与英国政府签订中英《南京条约》。

「 近代在长江航行的外国船舶 」

《南京条约》完全是按照英国侵略者的意志签定的，这个不平等条约强迫清政府

「近代汉口守卫欧洲租界的德国水兵」

开放了广州、福州、厦门、宁波和上海 5 个通商口岸，赔款 2100 万银元，割让香港，并失去了关税自主权。

其他列强也趁火打劫，纷纷与中国签订一系列不平等条约。中国的主权遭到进一步破坏。

战争的失败并没有使清廷进行改革图强，反而继续推行保守的闭关政策。尝尽甜头的英国侵略者，为了扩大对华掠夺，又伙同法国于 1856 年发动了对中国第二次鸦片战争。

「中英《南京条约》签订地——南京静海寺」

1858 年 5 月，英法联军侵占大沽炮台，并以进攻北京作为威胁。6 月 23 日，迫使清朝政府于清咸丰八年（公元 1858 年）与中英、中美、中法、中俄签定《天津条约》。《天津条约》共五十六款，附有专条。涉及长江航权的主要有增开汉口、九江、南京、镇江为通商口岸，并在通商各口设领事官。规定英国商船可以在长江各港口往来等。从此，外国列强正式取得了清政府治下的长江内河航行权和引航权。

「近代位于汉口俄租界潘诺夫大楼的美国领事馆」

据乔治·飞利浦编写、1858 年出版的《上海引水大事志》记载，长江口岸的开放，使得“扬子江上的贸易变得非常有利可图，从下等小艇到蒸汽机轮船，各种各样的船舶都纷纷跻身长江航运”。

从 1840 年英国发动鸦片战争开始，外国列强花了 20 年时间，打开了长江水运门户。

「 近代汉口的德租界 」

「 近代汉口的日租界 」

1861 年 2 月，英国侵华海军司令贺布率舰队从上海到汉口，随行的有宝顺洋行的“长江”号轮船。同年 3 月 9 日，汉口开埠。1861 年 4 月，美国琼记洋行“火鸽”号首航上海至汉口。它用一个月时间，完成了上海到武汉之间往返航程，成为长江上首次从事商业航行的轮船。此后，“火鸽”号每两个月从上海开航汉口 3 次，以运载茶叶为主，兼搭旅客。其运价高昂，每客银 100 两，每吨货 20 两。利润丰厚，营运了 3 个月即获利 50 万元。长江轮船客运从此而始。

直到 1873 年 7 月，中国轮船招商局的“永宁”号客货轮才首航沪汉线。在整整 13 年时间，长江下游行驶的尽是飘扬着美国、英国、德国国旗的轮船。

川江航权旁落

早在 19 世纪中叶，西方列强就开始对处于川鄂咽喉的宜昌虎视眈眈。咸丰十一年（公元 1861 年）英国海军中将贺布经上海抵达汉口，并于当年 3 月 14 日率武官随员“开火轮二只，溯流西上”。同年，萨利勒少校和布克思通船长率领英国“远征队”，乘木船抵达宜昌，随后又溯江上至夔府（今重庆奉节县），收集长江水文情报。同治二年（公元 1863 年）夏，美国地质学家彭柏莱来中国出洞庭湖，经宜昌西上考察地质，赴秭归香溪一带勘察

「 宜昌长江边的天主教堂 」

「近代汉口日本领事馆」

「近代汉口日本租界海军码头」

煤矿资源，并将此地命名为“归州煤田”。同治八年（公元 1869 年）上海洋商总会派商董到宜昌调查商务情况。同年，英国海军人员抵达宜昌，测量宜昌至奉节的长江三峡航道，了解航道中各段的水文情况。

在对宜昌及其上游资源、航道、水文窥探的基础上，同治十一年（公元 1872 年）上海英国商会一再胁迫清政府准将长江中上游宜昌至重庆的航线对外开放。宜昌开埠前二年的同治十三年，英、美、法三国商人联手，在宜昌雇佣木船 69 只，装载洋货首次闯入川江。

清光绪三年（公元 1877 年）三月，宜昌开办理船厅，四月一日宜昌海关开关。由于汉口以上到宜昌航道特殊，外籍船舶到达汉口后一般均需雇用长江中上游引航人员引航。当年多的时侯，湖北和四川的引航员约有 160 名。

1895 年 4 月 17 日，日本以甲午战争胜利者的地位，逼迫清政府签订了丧权辱国的《马关条约》。条约规定：“日本轮船可以装运货物，附搭行客，从宜昌溯江而上至重庆。”

随着英、法、日、美等国商轮向川江发展，川江成为外国商轮的热门航线。英国有 13 艘轮船航行申渝航线，日、美轮船各 5 艘。直到 1937 年日本发动侵华战争，川江航线才断航。

进入川江的外国轮船公司倚仗其雄厚的资金、先进的技术和

「以人工为动力的川江木帆船」

政治上的特权，加上快捷，收费相对便宜，传统的帆船运输业根本无法与之竞争，受到很大冲击，生意一蹶不振，不得不退出川江航运市场。川江航运权逐步被外国轮船公司所垄断。至此，川江从木船运输时代进入轮船运输时代，川江航权也落入列强之手。

由于航权旁落，19世纪末的川江，还出现了一种奇怪的航运现象，一些往来于宜渝之间的中国人的木船，也悬挂着五颜六色的、不同国籍的旗帜。正所谓："自是川江轮舶往来，惟是外旗之飘扬，国旗为之卷藏殆尽。"

争夺航权斗争

当英国冒险家执着地探索开拓川江航路，英、德、法等国的蒸汽机船相继进入川江时，围绕着由于交通工具的进步而引发的史无前例的社会变革，从民间到官方，从清朝政府到地方官员，上演了一场波澜壮阔、惊心动魄的斗争。

对中国官方来说，这场斗争事关川江航权；对数十万靠木船业谋生的川江人来说，则关系到他们的衣食饭碗。

千百年来，由于川江通航环境险恶，一直只能行驶木帆船，从宜昌到重庆从来都不直接通航。

「1911年的川江船工」

在川江木船运输兴盛的年代，从重庆到宜昌660千米的水路是进出川的唯一通道，木船也是川江上的唯一运输工具。据统计，到清朝末年，在川江上经营长、短途运输的船只有3000多艘，年运输量10万余吨，直接驾船的达10多万人，形成了"川楚二十四帮"

「 生活在社会最底层的峡江纤夫 」

的船工队伍，与之相关的从业人员总人数也有数十万。木船业成为川江船工、纤夫、滩夫、领江、装卸、修造船、货仓、餐馆、旅栈，甚至是漂游在港口的花船、卖唱筏子等人谋生的饭碗。

当外国人要驾驶轮船首航的消息传至川江两岸时，立刻在木船业引起强烈反响。为了自己安身立命的饭碗，川江船工自发聚集起来，想方设法阻扰外国轮船进入川江。

「 生活在社会最底层的峡江船工 」

1898年，英国人立德乐驾驶“利川”号小火轮从宜昌首航重庆。为了安全并防止沿途船民滋事，清政府特别派了一艘炮船，一只救生船，12名精壮兵丁和6名水手护送，一路上还是受到沿江民众的各种阻挠，但都于事无补。

由于轮船运量大、航速快，安全性能明显优于木船，峡江轮船运输业逐渐兴起，无法与之相比、无法与之竞争的木船业则不断萧条和萎缩，许多船主因此倾家荡产，船工失业。千百年来相对的平静的生活被冲击、被打乱。轮船入川成为郁积在当地人心里的伤痕，轮船上的外国人成为当地人仇恨的对象。

「 在船舱里吃饭的船工 」

峡江的船工、滩工、纤夫，更是生活在社会的最底层。他们终日劳作，收入微薄，勉强糊口，还随时面临着死亡威胁，挣扎在生死边缘线上。而洋行的外国人，轮船上的船长、领江等高级船员，收入丰厚，生活奢华。对现实的不满，对洋人的仇视，成为那

「1911 年川江上的少年纤夫」

个年代川江船工普遍的社会情绪。“洋船入川，大河水干”、“新滩生得陡，发的外来狗”——当年流行在峡江的这些民谣，就是生活在赤贫状态下的川江船工不满情绪的心理发泄，也是当时社会贫富悬殊，人们排外、仇外情绪的真实写照。

由轮船运输兴起引发的船民反抗斗争曾多次在川江发生，但这种阻扰和近于悲壮的反抗，在进步的生产工具和先进的运输方式面前显得有些自不量力，当然也无济于事。

当立德乐驾驶的“利川”号小火轮从宜昌成功到达重庆之后，在数千年传响着船工、纤夫号子声的峡江上空，开始回荡机动船的轰鸣声和汽笛声。

「从宜昌安全抵达重庆的第一艘中国客货商船——“蜀通”号」

在经历了轮船运输业冲击的创伤之后，峡江木船从业者也开始适应无法阻挡的社会变革，新滩大量涌现的“领江”就是最好的说明。

对于摇摇欲坠、岌岌可危的清王朝和踌躇满志、跃跃欲试的维新派来说，1909 年末一艘中国商船成功的川江之行，都是一个振奋人心的大事件。

「川江轮船公司当年打造的第二艘客货轮——“蜀亨”轮」

这一年的 12 月 19 日，长约 35 米，宽 4.5 米的双螺旋桨轮船“蜀通”号，拖着一艘装载着客货的驳船，从宜昌出发，逆水西上，9 天后平安驶抵重庆南岸狮子山码头。这是历史上进入峡江的第一艘装运客货的商船。

“蜀通”号成为中国人投资建造的经营川江商务运输的第一艘船舶，也是中国官商联手，与外国轮船公司分庭抗礼、争夺川江航权的第一次正面较量。

这一天，重庆市民倾城而出，港区内鞭炮齐鸣，锣鼓喧天，为首艘中国轮船进入重庆而欢呼！

「晚清地方洋务派的代表曾国藩画像」

洋务运动兴起后，1860 年 12 月，地方洋务派的代表曾国藩上奏折，主张购外国船炮，访求能人巧匠，先演习，后试造，不过一二年，火轮船必成为官民通行之物，并称其为“救时第一要务”。

1873 年 1 月，轮船招商局成立，并在上海南永安街正式对外开局营业，成立时仅有 6 艘轮船。这是洋务运动中由军工企业转向兼办民用企业、由官办转向官督商办的第一个企业。

「招商局上海临时办公处」

招商局成立后，招商局从英国购置了 507 吨的“伊敦”号货轮，由上海装货首航香港，从此打通了中国沿海南北航线。又首辟上海至汉口航线，经营长江运输。1873 年 7 月 10 日，招商局代理“永宁”号轮，半夜从上海启航，途经镇江和九江抵达汉口。这是中国商轮航行长江之始。从而，结束了外国轮船主宰长江航运长达 12 年之久的历史。

步履维艰　收回航权的艰难

1943年1月11日，中美、中英同时签订新约，其中有废除使用外国人引水的特权等。中国航权的收回，经历了一个痛定思痛，反复曲折的艰难历程。

1941 年底，太平洋战争爆发，中国与英、美成为盟友。

1943 年 1 月 11 日，中美、中英同时签订新约，其中有废除使用外国人引水的特权以及在中国领水内关于沿海贸易和内河航行的特权等。此后，比利时、挪威、瑞典、荷兰、法国、丹麦等国也相继与中国订立类似条约，放弃内河航运特权，各国在华轮船全部停驶，至此，长江乃至全中国的内河航权从条约上得到收回。

但中国航权的收回，经历了一个痛定思痛、反复曲折的艰难历程。

解聘最后一名外籍引水员

清同治七年，公历 1868 年 10 月 27 日，清朝政府在外国列强的挟制下，被迫颁布了一部《中国引水总章》。总章规定海关的总务司长管辖中国沿海和内河的引航。担任海关总务司长、且时间长达 40 年之久的却不是中国人，而是英国人赫德。由此，外国列强把持、控制了中国引水权，并慢慢由沿海地区渗入到长江流域。中国的引水人只能引领中国船只，进入中国领海的其他外国籍船舶的引水，都被外籍引水人所垄断。他们排挤、打击中国引水员，以致“在全国最大的上海港，竟然无一名中国引水人”。

发生在 1919 年的“五四”反帝爱国运动，激发和增强了国人的民族精神和主权意识。

在上海的中国海员和中华扬子领江公会的成员也在运动中站了出来，他们揭露和控诉了外国列强对中国引水权的侵夺和对中国引水员的排挤。当时，长江上有一百多名中国引水人，但只能引领中国船只，主要引水业务都被外籍引水人垄断。中国引水人还备受外籍引水人排挤和海关外籍官员的歧视，待遇比外籍引水人低得多。他们特别指出：“在全国最大的上海港，竟然无一名中国引水人”，第一次将引水权操纵于外籍势力之手的问题暴露在社会公众面前，从而引起强烈的反响和各方面的关注。

「近代上海黄浦江外滩码头」

1928年9月22日，由海军部提出的候选人李高昌被上海引水公会接纳为候选学徒，并且很快通过了考试。当年10月取得了该港引水学徒证书。经过半年的学习和再次考试后，他又取得了引水人证书，成为上海引水公会的正式成员。已经25年无中国引水人执业的上海港，终于有了一位中国籍引水人。

这是中国人着手在上海港重新建立引航权的一个新开始。此后的1930年和1932年，中国人林国杰、沙惠嘉、吴金祥、朱哲、何瀚澜等人先后成为上海持证引航员，相继加入上海引水公会。

1933年12月16日，在上海外国商会未派代表出席的情况下，上海引水管理委员会在上海海关大楼成立。

抗日战争使中国的国际地位得到提高，逐步获得国际社会更多的尊重。1942年，美、英两国主动提出修改不平等条约。经过一系列谈判，1943年1月，中英、中美分别签订了新的条约，正式废止两国在华各项特权，包括引水权。中英新约规定，英国“放弃关于在中国领土内各口岸雇用外籍引水人之一切现行权利”；中美新约规定，美国放弃“在中国领水内关于沿海贸易及内河航行之特权……以及中国领土内各口岸外籍引水人之雇用”。这样，从国际法的意义上说，中国已经收回了引水权。

「20世纪50年代的上海黄浦江码头」

但战争结束之初，沿海各港中国引水人普遍缺乏。因此，在上海、天津、连云港和秦皇岛四个港口，还有外籍引水人继续执业，其中上海港有20多名外籍引水人。

直到新中国成立时，在上海港的25名引水员中，外籍仍占10名。

1951 年 3 月 1 日，上海区港务管理局接管铜沙引水公会后，解聘了最后一个外籍引航员，它标志着由外籍引航员长期把持的上海港和长江的引航权被彻底收回，中国航权丧失半个多世纪的历史也宣告结束。

经过了长达半个多世纪的斗争，中国才真正实现了主权独立，引水权才真正掌握在自己手中。

颁布第一部专门引航规章

1949 年 10 月 1 日，中华人民共和国成立。各地的引航组织和引航事务均由当地的解放军军管会接管。上海军管会航运处接管了长江下游吴淞口至汉口段的引水权，长江中、上游汉（口）宜（昌）湘（长沙）和汉渝（重庆）的引水权则由武汉军管会航运处接管。

1953 年 11 月 23 日，中央人民政府交通部颁布了新中国第一部专门引航规章《海港引航暂行通则》，明确规定对外籍轮船及超过一定吨位的本国轮船实施强制引航，以维护国家主权和国防安全，保证港口水域航行安全。这部通则，距外国列强于 1868 年强加于清朝政府的《中国引水总章》已整整 83 年。也就是说，经过长达半个多世纪的斗争，中国才有了自己独立自主、彰显主权尊严的引航管理法规。

「北京天安门城楼」

《中国引水总章》是在清同治七年，公历 1868 年 10 月 27 日颁布的。章程明确规定："引航归海关总务司长管辖。"而当年的海关总务司长却不是中国人，而是英国人赫德。而且他占据这个职位的时间长达 40 年之久。

新中国颁布的《海港引航暂行通则》，替代了原民国政府颁布的《引水管理暂行章程》和《引水法》，既有历史传承性，又有很大的差异。

通则除了规定交通部港监及各级港监部门为引航主管机关，引航员必须具有船长或资深大副资历、熟悉该引航区域的航道情况、必须经过考试并领有交通部发给的资格证书才可执业外，还规定引航员必须是中华人民共和国公民，所有外籍船舶必须由中国引航员登轮指挥，方可进出中国港口及在港内移泊。

这意味着引航权真正回到了中国人手中。

强制引航第一艘进江外轮

1983年5月7日6时40分，长江引航员陈守德、吴民华和施歧元，代表中华人民共和国，登上了外国籍船舶——巴拿马籍“日本商人”号。

「新中国成立后进入长江的第一艘外国籍船舶“日本商人”号」

由于特殊的历史背景，从1949年到1983年，在长达33年的时间里，长江一直没有对外轮开放，长江引航一直是引领国内船舶。当主桅上随风飘扬着五星红旗的“日本商人”号进入长江时，显得格外引人注目。

引航途中，三位引航员目不转睛，勤加瞭望，谨慎驾驶，准确判断来往船舶航行动向，预防江面可能突如其来的船舶险情，一丝不苟、遵章守规地下达每一个舵令和相应的车钟令。

经过9个小时的引领，当日15时40分，“日本商人”号安全抵达长江张家港港1号泊位。

作为新中国成立后第一艘进入长江的外国籍船舶，“日本商人”号的进江，标志着长江拉开了对外轮开放的序幕。“日本商人”号成为我国内

「第一批对外国籍船舶开放的长江张家港港口」

河对外籍船舶实施强制引航的第一艘船舶。

1982年11月19日，第五届全国人大常委会第25次会议决定“批准南通港、张家港港对外国籍船舶开放”。12月颁布《中华人民共和国外籍船舶航行长江水域的管理规定》。国务院和中共军委就两港对外轮开放的引航、海事管理物资供应、服务等做出专门规定。规定进入长江的外轮，在长江水域及其港口航行或移泊，“必须向中华人民共和国长江区港务监督申请指派引航员引航”。

当年，第一艘进入长江的外籍船舶“日本商人”号从上海宝山联检锚地到张家港港，航程140多千米，是到达长江对外开放最纵深的港口的外国籍船舶。20年后，即2002年8月，长江引航员将丹麦籍“诺德卡伯仑”号帆船从宝山引航至宜昌，强制引航里程长达1669千米，宜昌成为了长江对外开放后外国籍船舶到达的最纵深的港口。

「第一批对外国籍船舶开放的长江南通港」

从1983年到2013年，长江引航员实施强制引航的外国籍船舶涉及70多个国家和地区。

风生水起　当代引航的诞生

由于长江流经多个行政省（自治区、直辖市），新中国成立以来的长江引航体制，经历了多次调整和改革，走过了一条曲折前行、逐步发展壮大的道路。

1997年6月，长江引航中心正式成立。该中心秉持“把世界引进长江，把长江引向世界”的服务理念，不断推进长江引航改革进程，设有武汉、芜湖、南京、镇江、江阴、靖江、张家港、南通、常熟、太仓、上海等11个引航站和扬中、江阴、南通、太仓4个引航交接基地，所有引航站都具有涉外引航权。长江引航员占全国引航员总数的1/6，占世界引航员总数的1/24，拥有300余名高级引航员，一级、二级、三级和实习助理引航员，成为在国内仅次于上海的第二大引航机构。引航范围上至云南水富，下至上海宝山，引航里程长达2800多千米。经过10多年的改革发展，长江引航实现了跨越式的发展。

长江引航体制的嬗变

由于长江流经多个行政省（自治区、直辖市），新中国成立以来的长江引航体制，经历了多次调整和改革，走过了一条曲折前行、逐步发展壮大的道路。

新中国成立之初，长江引航权全部收归国家管理。长江下游淞（吴淞口）汉（口）段引水权由上海军管会航运处接管，武汉军管会航运处接管长江中、上游的汉宜湘和汉渝的引水权。

1954年初，长江航运管理局上海分局引水站正式成立。引水站除了统一管理吴淞口—汉口的长江下游引航事务外，还负责引领海运、远洋公司的海船进出长江，以及上海、广州、青岛、大连等沿海各省（市）进出长江的船舶。

按照1953年11月23日交通部颁布的《海港引航暂行通则》的规定，作为引航主管机关的长江航政管理局，开始酝酿成立专门的引航机构，统一管理长江的引航业务。1980年初，

「20世纪50年代的武汉港」

长江沿岸南京、武汉、重庆等 8 个港口对外开放后，交通部决定由长江航政部门负责进出江海船舶的引航工作，长江航政局开始筹建引航机构。

「南京港」

1981 年初，南京航政分局率先在南京、南通两地成立引航机构，开办引航事务。1981 年 6 月，交通部港监局（现交通运输部海事局）同意在不增加管理人员编制的情况下，先在南京航政分局（现南京海事局）和南通航政处（现南通海事局）等地方设立引航站，为沿江各省和沿海进江船舶提供引航服务。于是，南京、南通、武汉先后成立了引航站。

「重庆港」

此时，长江尚未对外国籍船舶开放，长江引航业务仅限于沿江各省和沿海进江船舶。

1982 年 11 月国家批准南通港、张家港港对外国籍船舶开放，明确要求对进出长江的外轮实施强制引航。于是，南京、南通引航站对外又分别称为“中华人民

「长江引航员为大型外国籍船舶引航」

「长江引航中心在江苏太仓成立」

共和国南京、南通港务监督引航站”。

1997年6月18日，长江港航监督局在引航总站的基础上，组建长江引航中心，并正式在江苏省太仓挂牌成立。原分散在长江沿线的各引航站全部划归长江引航中心管理。至此，运行了13年、各港自成一体、独立引航的体制完成了其历史使命。

从此，长江引航中心独立承担起进出长江船舶的引航任务。对外，代表国家对进出长江的外国籍船舶实施强制引航；对内，为港航企业和船舶单位提供引航服务。

1997年的5月31日，位于洞庭湖畔的城陵矶港，也迎来了第一艘外轮，成为长江正式对外轮开放的第15个港口。从长江口进入的外轮，可驶达城陵矶港。长江对外轮开放的里程达到1331千米，成为世界上对外轮开放水域最长的内河。

长江引航方式的蜕变

长江是流域性开放水域，长江引航必须集中统一管理，这是长江引航事业发展的基石。

但直到20世纪末，即在1997年长江引航中心成立之前，长江引航处于多家引航机构并存、各自为政、无序竞争、分散管理的状态，基本实行的是一港一引、一省一引的模式。长江下游一些大的港口，都各自成立有自己的引航机构。凡出入本港的中外船舶，都由本港的引航员引航。从长江口进入长江的外国籍船舶，先由上海港引航站引领，至长江口宝山交接基地，再交由长江相关港口的引航员引领。从长江某港出海的外轮，亦由某港的引航员引领至宝山交接，再由上海港引航员引领出海。

由于沿江各港引航站独立分散，既无统一计划，又无统一引航机构与上海港引航站进行工作联系，造成信息不畅、调度不灵、效率低下，人力资源得不到充分发挥。受利益的驱动，一些单位还擅自成立引航机构，自行聘请从业人员进行引航服务。引航人员技术素质参差不齐，引航事故也时有发生。

在没有任何模式和经验可供借鉴的情况下，长江引航经过长期的摸索和改革，在国内国外同行业中独树一帜，形成了集中统一、在航交接、分段引航、合理布局、科学管理并适合长江经济社会发展的引航管理体系。

长江引航实行集中统一管理，打破了行政区划，引航基础设施建设得到科学规划和合理布局。引航资源因为人为障碍的消除，得到了合理的配置，长江中游富裕的引航员调到下游各港，克服了下游压港的现象，长江引航的整体优势得到发挥，极大地解放和发展了引航生产力。集中统一管理为加强引航员管理、提升引航员的技术素质和引航安全和引航的快速反应提供了组织保证。由于适应船舶的自然运行规律，满足了长江航运及沿江外向型经济发展的需求，长江港口的整体竞争力得到提升。

独树一帜　从多家引航到一家引航　引航不竞争是国际通行惯例。在同一水域成立多家引航机构实行竞争，将会造成安全投入少，信息封闭，引航员更新培训得不到保障等不安全因素。

长江对外开放后，原有的长江航运系统轮船公司的引航机构，浙江、福建进江海轮引航办事处，上海远洋公司，上海海运局引航站等多家引航机构都继续从事引航业务，主要服务对象是中国籍进出江海轮。从多家引航到长江引航中心一家统一引航，经历了一个比较长的曲折过程，经受了冲击和考验，其中还有血的教训。

1997 年，交通部提出“长江引航工作要打破行政区划，实行集中统一管理，实行政事分开，与国际惯例接轨”的要求。

为适应改革开放后国轮出海、外轮进江，需要引航的中外船舶日益增加这一形势，更好地调配引航资源，长江引航必须改革“一港一引”为

“一水一引”，即长江引航只能由一家引航机构统一管理、集中调度，而不能“一港一引”、画地为牢、分散管理、效率低下。

1997 年 6 月 18 日，长江引航中心在江苏太仓正式挂牌成立，这标志着长江引航体制政事分开改革顺利完成。引航作为公益性事业性质，正式脱离行政执法管理的港监（海事）局，实行长江引航由引航中心集中统一管理。

长江引航实行集中统一管理之后获得了飞速发展，进江船舶一次申请就可挂靠沿江各港口，获得全程服务，手续简便、效率提高、成本降低。

据统计，长江引航中心成立后，由中心统一调拨分派引航员，使船舶进出长江的时间比过去平均缩短了 4.9 小时。

1997 年长江引航中心成立之初，年引领船舶不足 7000 艘次。到 2008 年，引领船舶突破了 4 万艘次。2007 年，长江引航中心成立 10 周年时，一组闪亮的数字论证了长江引航集中统一管理的正确：共引领来自 70 多个国家和地区的各类船舶 173479 艘次，引领总吨 133089 万吨，引航里程 2381 万千米，实现了跨越式发展。

尊重规律　从停航交接到在航交接　1996 年前，由于长期以来形成的惯例，进出长江船舶的引航工作分别由上海港引航部门与长江引航部门分段负责。进江船船由上海引航站引领至上海吴淞的宝山锚地，出江船舶由长江引航机构引领至江苏太仓的浏河锚地，实行的是两地交接、两次引航。

这样，船舶出入长江就存在两次引航交接问题。需要引航的中外船舶往往因在锚地等候引航员交接而延长了船期，影响了船舶在长江的周转，给货主和船东带来不便和经济损失。

1996 年，交通部组织专家对长江引航现状进行了调研，明确要求长江引航“应尽量创造条件，实行在航交接，彻底与国际惯例接轨”，“要冲破习惯势力，不能哪个港口的引航员只引哪个港口的船，引航员涉及国家的国际形象，要打破行政区划，不能画地为牢，要适应船舶运行的自然规律”。

长江引航部门和上海港引航部门经过调研和协商，制定了变“抛锚交接”

为“在航交接”的实施方案，即进入长江的中外船舶，由上海港引航员引领至宝山交接水域，长江引航员由交通艇送至宝山，登上航行中的船舶，与上海港引航员实行在航交接。出江入海的中外船舶，则由长江引航员引领至宝山，再与上海港引航员实行在航交接。

1996年10月18日，上海—长江引航交接方式正式由“锚地交接”改为“在航交接”。引航员在船舶航行中进行交接，船舶在航行中不再被人为中断，可连续全过程运行。这一重大改进措施，简化了引航交接程序，加快了船舶周转，缩短了营运周期，降低了运输成本，受到了船东、船员的赞扬和有关各方的高度评价。

“在航交接”成为长江引航事业发展过程中的又一个标志性事件。

以人为本　从全程引航到分段引航　分段引航是国际上通行的引航方式，一般在开放距离较长的水域设置若干个引航交接点，船舶在航行中交接引航员，实现人停船不停。它使引航员能有足够的体能支持，保证安全引航，也保证船舶在航行中不被人为打断、连续全过程运行。

2001 年前，长江引航没有实行这种国际上通行的引航方式，而是由引航员一次将一艘船舶引航至目的港。多年来，进出长江的船舶每年以20%左右的速度激增，长江引航员始终处于满负荷工作和体力透支状态。大多数引航员每年一般要工作 340 多天，每日要工作 10 多个小时。在航行距离远、引航时间长的情况下，引航员工作强度增大，体力透支明显，往往危及引航安全。

在长江对外轮开放纵深已达 1331 千米的背景下，提高引航效率，保障引航安全，减少引航环节，实行分段引航势在必行。

「江阴引航基地」

2001年9月21日，是长江引航中心实施分段引航的第一天。凌晨，引航员余星光起锚“福尔摩沙女皇”号，顺利在江阴交接了这艘

「长江引航员在江阴引航基地实施分段引航」

实施分段引航的第一艘船舶，由此拉开了长江分段引航的序幕。

就在这一天，长江引航中心率先对进出泰州、镇江、扬州港的船舶实行分段引航试点。至这一年底，共进行分段引航、在航交接 999 艘次，交通船出航 552 艘次，日平均交接 10.1 艘次，引航工作效率明显提高，分段引航的效果开始显现。

一年之后，长江全线实施分段引航。

长江实施分段引航，缩短了引航员单艘次的引领距离，改变了引航员长距离引航的状况，不仅减轻了引航员的劳动强度，而且加快了引航员的周转，节省了 8%的引航力量，每艘次船舶节省船期近 3 个小时，大大提高了引航生产效率，引航安全也得到保障。

日以继夜　从白天引航到昼夜引航　对于长江下游的众多港口和进出长江口的中外船舶来说，2004 年 4 月 1 日是一个值得庆贺并记住的好日子。从这一天开始，为适应船舶自然营运规律，长江引航中心对进出江苏段的船舶全面实施夜间引航。

此前，中外船舶在长江航行一般都选择白天航行、夜间抛锚过夜的方式。长江流急弯险，通航密度高，乡镇船舶多，航道环境差。而且“上行走缓流、下行走主流”的规则，常常需要横越航道，极易发生碰撞事故。由于安全缺乏有效保障，中外籍海轮等大型船舶一直不敢夜航，只能白天航行夜间抛锚，船舶在长江的运行周期受到影响。缩短船期，提高船舶在港运转效率，成为长江沿线口岸、港口和船舶单位的迫切要求。

2004 年 4 月 1 日，长江江苏段正式实现海轮全天候 24 小时航行。长江引航中心也宣布，对进出江的中外船舶实施 24 小时引航。

13 天后，装载 6 万吨矿石、载重吨位达 17.47 万吨的塞浦路斯籍“瑞德士”号，被引进南通港，成为南通港开港以来靠泊、接卸的最大吨位外轮，也是南浏段航标工程实施后，靠泊该港的第三艘 10 万吨级以上超大型船舶。

实施夜间引航两个月，长江引航中心共引领各类船舶3000多艘次，其中夜航船舶100多艘次，在夜航时段引领船舶1000多艘次，引领总吨3000多万吨，引领总里程50多万千米。艘次、总吨和里程的百分比，均比2003年同期增加了两位数。

「我国内河航道现代化程度最高的水上“快速通道”——长江南（京）浏（浏河口）段」

据江苏海事局提供的一份资料显示，长江南浏航道工程结束后的10个月内，南浏江段的一般海损事故比同期减少42.1%，碰撞事故减少了46.2%，事故失踪死亡人数减少了46%，沉船及经济损失分别减少了32.5%和45.4%。按船舶流量计算，事故发生率第一次实现低于万分之一。夜间船舶流量已占船舶总流量的45%，夜间海轮流量占整个海轮流量的50%。

2005年，引航中心对符合条件的夜航船舶提供100%的夜航服务，引领中外籍船舶25648艘次，其中夜航船舶占引航总量的55.9%，没发生一起压船现象，也没发生一起引航责任事故。

全线夜航的有效实施，大大提升了沿江企业的竞争力。

长江引航事业的辉煌

进入新世纪后，长江引航作为“大通关”，保证船舶“大进大出、快进快出”的重要一环，为沿江地方政府外向型经济发展提供了强有力的技术支撑。引航技术的不断创新，引航纪录的不断刷新，对长江航运产生了巨大影响，为沿江港航企业发展作出了巨大贡献。

引航记录不断刷新　2002年8月11日，丹麦著名作家、航海家、电视制片人乔尔斯（TROLES KLOEVEDAL）船长带着丹麦斯堪的纳维亚电视台的工作人员，驾驶“诺德卡伯仑”（NORDLAPEREN）号帆船从东海进入长江，并从上海到宜昌，进行中丹文化交流。

「进行中丹文化交流的丹麦“诺德卡伯仑”帆船」

江阴引航站引航员余星光接受了帆船上水从池州至武汉、下水从武汉至上海江段的引航任务。

对长江引航员来说，这是一次极为特殊的引航任务。

“诺德卡伯仑”帆船虽然三次成功环球旅行，却是第一次到中国大陆。船长和丹麦电视台希望通过与中央电视台合作，边旅游、边写作、边拍电视专题片，探寻中国与丹麦在航运及贸易中的古老关系。通过船长与中国人民、中国文化的交流，记录当代中国的风土人情，展现当代中国人的精神面貌，促进中国与丹麦的文化交流。

乔尔斯不仅是丹麦大名鼎鼎的船长，还是丹麦妇孺皆知的作家兼电视制片人。35 年来，自从他拥有了“诺德卡伯仑”号这艘丹麦世纪老船，他就开始过着浪漫不羁的流浪生活。他驾船去过世界各地，数次通过巴拿马运河及苏伊士运河。在游历中，体验着不同的地理和文化，不断交友、拍片。每一次航海结束，他都会回丹麦写上几年的书。目前他已出版了 13 部书，发行量达一百多万册。他制作的电视片已有 10 部问世。为了此次中国之行，他和妻子不断地看有关中国的书籍，为航行做了充分准备。当从书籍中得知古老的中国崇拜龙凤后，他和助手特意在出发前在船头两侧分别画上了龙和凤。

「乔尔斯·克罗艾佛德先生和妻子阿莎玛德·玛德嘉」

“诺德卡伯仑”帆船建于 1905 年，虽然古老漂亮，但空间狭小。它长仅 17.76 米，宽 3.64 米，总吨位 19.48 吨。停泊在上海港外虹桥码头的这只丹麦老帆船，只有一辆超长卡车那么大。

为这么一只小帆船引航，而且是长时间、长距离的引航，还要配合、满足船长和电视台的摄制要求，绝不是一件轻松的工作。

在长达21天的引航途中，余星光克服种种困难，积极协调各方关系，以优质的引航服务为船方摄制创造了良好的工作环境，经受了日晒雨淋，蚊叮虫咬的考验，一路风餐露宿，饱一顿饥一顿，21 天没有洗过一次清水澡。引航任务结束后，他与船长三口之家和三名摄制人员结下了深厚的友谊。大家分别时依依不舍，乔尔斯船长竖起大拇指，称赞余星光是了不起的中国人。

余星光和他的同事，共同完成了“诺德卡伯仑”号帆船往返于宜昌和上海的中丹文化交流引航，共同刷新了长江引航史上船舶最小、距离最长——长达 1669 千米的引航纪录。

2003 年 6 月 11 日 6 时，上海港迎来了开埠以来最大一艘船舶——50 万吨级超巨型油轮，这艘名为“海上世界”的巴哈马籍巨轮是在新加坡卸下最后一吨原油后驶往中国的。

在上海港引航员的指挥下，“海上世界”顺利起锚直驶长江口。

“海上世界”是瑞典 20 世纪 70 年代建造的，1978 年正式下水。其规模远远超过美国“小鹰”号航空母舰。它长 364 米，比“小鹰”号还长 41 米。79 米宽的甲板足足有 3 个足球场大，20 多艘海事巡逻艇并排还没它宽。它高 63 米，相当于 20 多层的高楼。“海上世界”轮每小时航速可达 15 海里，即便是空船行驶，每天也要消耗七八百吨燃料。

为了顺利送出这个庞然大物，上海港引航站反复论证引航计划，启用了 GPS-GSM 引航定位系统。上海海事局派出多艘巡逻艇护航，海上搜救直升机全程监控。直升机将三位资深引航员送上油轮，多艘

「 瑞典 20 世纪 70 年代建造的“海上世界”油轮 」

巡逻艇全程护航。

6月11日6时，“海上世界”在三艘4200匹马力的拖轮帮助下准时出发。一路上，“海上世界”始终保持每小时17千米的速度缓慢前行。三艘拖轮变换位置，慢慢“扭转”油轮的身体前行。在近20分钟小心翼翼地“呵护”下，“海上世界”终于成功地驶过九段灯船。10时30分，“海上世界”顺利到达宝山交接水域。

上海多家媒体对“海上世界”的引航评价是——这是上海港继2002年“狮子星”号大型邮轮、30万吨级“中远川崎十一号”超级油轮以来又一次超大型船舶的引航壮举。

从长江口进入长江内河的“海上世界”，引航将更加艰难。

10时30分，长江引航中心4名引航员接手，将“海上世界”引进长江。

「为“海上世界”号巨轮引航」

俗话说，胖子难转身，船小好掉头。较之长江口，长江航道给“海上世界”留出的航路宽度更少。巨轮操纵性能差，一不小心就有可能偏离航道。引航员们克服航道余地小、船舶惯性和盲区大等困难，有效控制船速，精确无误地引领着巨轮前行。

当天傍晚，“海上世界”到达张家港锚地。6月12日下午，乘长江潮位最高时，“海上世界”轮在4艘海事巡逻艇的护卫下，于16时许到达江阴海轮锚地。

6月13日清晨，长江退潮。在多名引航员和大型拖轮随航及海事巡逻艇的护航下，“海上世界”终于顺利通过江阴长江大桥，安全到达目的港。

海上巨无霸“海上世界”的成功引航进江，在长江引航史上创造了引领长度、宽度、总吨三项新纪录，树立了一个新的里程碑。

随着长江引航事业的发展，已有的引航纪录往往不断被新的引航纪录刷新，呈现你追我赶、力争上游的良好态势，由此创下了多项“长江引航之最”：

最大的旅游船，长192.8米的日本籍“飞鸟”号，1999年11月7日由宝山引航至镇江。

最大吃水船，长225米，吃水11.82米的利比里亚籍“华誉”号，2000年9月29日从宝山引航至南通。

最长的潜艇船队，总长280米的俄罗斯籍“486号潜艇”，2000年10月15日从宝山引航至芜湖。

最大的滚装船，长240.6米的挪威籍“泰墨雷”号，2001年6月14日从宝山引航至常熟。

最高的船舶，长235米，高118米的圣文森特籍“振华6号”，2001年11月3日从江阴引航至宝山。

最大的集装箱船，长295米的丹麦籍“玛希尔德”号，2002年4月2日从宝山引航至南通。

最大的无动力拖带单船，长282米，利比里亚籍“宾夕法尼亚”号，2003年7月7日从宝山引航至江阴。

最长的船队，总长700米的巴拿马籍“海盗之子”/“勘探3号钻井平台”，2004年2月17日从宝山引航至南通。

最大的液化气船，长255.4米，吃水9.6米的新加坡籍“皇帝气船”，2004年3月5日从宝山引航至张家港。

最宽的船队，宽92米的韩国籍“T型驳SAMSUNGTCB1”，2005年5月1日从靖江引航至宝山。

最长、载货吨位最大的营运船舶，长304.66米，吃水11.8米，载重近22万吨，载货11万吨的利比里亚籍“伊万”轮，2013年4月26号，在太仓引航站引航员的精确引领下，安全靠泊太仓港武港码头。

对于引航员来说，引领超大型特殊船舶是十分困难的，对引航技术要求很高。当这些巨轮被安全引领进出港口、出入长江时，外籍船长对长江引航员无不赞不绝口。

引航奇迹不断出现 2007年12月25日8时，以长江引航中心南通引航站站长辅金亚为首的四人引航团队，登上了“雨燕”轮。他们要将“雨燕”轮从南通引航至上海宝山，再出长江。

停泊在南通营船港的“雨燕”轮，是一艘荷兰籍的半潜特种船舶。装载4台总价值达3200万美元的出口美国的大型桥吊后，水面以上宽度达到128.7米。

由于大型桥吊高大，形成了很大的盲区，影响驾驶瞭望。加上所停泊的专用航道最大宽度仅为250米，属自然狭窄航道。在长江引航史上，要将这样的“巨无霸”安全引领出江无任何经验可以借鉴，其难度之大，可想而知。

为了确保“雨燕”轮的引航万无一失，南通引航站先期做了精心组织和周密安排，组织引航专家多次深入现场“会诊”，进行技术专家论证，对可能出现的问题制订了多套应急预案。为方便码头作业，引航站派出引航技术专家利用最佳的潮汐时机，先后3次移动“雨燕”轮船位。在安全措施上，加强与海事部门联系，在营船港专用航道、苏通大桥水域采取了临时交通管制。

由 4 名引航员组成的强大引航阵容，按照既定的科学合理的引航方案，分为两组，负责前后瞭望，密切配合。在3艘大马力全回转拖轮的协助和多艘海巡艇的护航下，“雨燕”轮徐徐离开从南通营船港专用航道，驶入长江主航道。

「“雨燕”轮从长江被安全引领至上海宝山」

时值冬季，北风呼啸，桥吊受风面积大，船舶在剧烈的横摇下极易偏离航道。引航员们采取不紧不慢的合理航速，“雨燕”轮就像走钢丝一样，被安全引领至上海宝山，并成功交接。至此，南通引航站4名引航员用24小时的时间，创造了水面以上宽度达128米的船舶被成功引领出专用航道和长江主航道的奇迹。

在波涛汹涌的长江上，每一个引航奇迹的创造都是一次敢为人先的担当。

“中远比利时”号是一艘超大型集装箱船，长366米，宽51.2米，深29.85米，吃水15.5米，是迄今为止我国制造的最长、技术最先进、装载量最大，可装载13386个集装箱的船舶。这也是一艘梦想“中国制造”走向世界的新一代节能环保船舶。它采用全球首创的“双岛型”设计，把机舱、烟囱等放在尾部的“后岛”，而把驾驶台、生活区等上层建筑放在船中部的“前岛”。

此前，全世界还从未有过引航员在船体的中部驾驶如此规模的巨轮。首航之旅定在2013年3月5日，由南通引航站引航员引航。

南通引航站成立了由众多引航技术专家参加的团队，对“中远比利时”号的引航方案进行了多次科学论证，制订了多种应急预案，全力攻克技术攻关。

3名引航员登上了“中远比利时”号。在他们娴熟地操作下，触摸屏驾驶系统向无人控制机舱发出一个个精准的舵令。366米的“水上巨无霸”服服帖帖地离泊、调头，并按照预设的航路下水航行。下午2时，巨轮轻轻巧巧地通过了出江入海的咽喉苏通大桥，首航取得圆满成功。中国香港籍船东激动不已地说：“‘中国制造’世界一流！中国引航员的技术也是世界一流的！”

引航价值不断提升　拥有众多大型造船厂的南通被誉为“中国船谷”，而在“中国船谷”的崛起和日益繁荣中，长江引航功不可没。但凡南通中远川崎船厂新造的大船试航，中远船务公司修理的大船出江，南通港口大吃水船舶进江，专用航道的开辟，新建码头的论证，特殊船舶的试靠，都离不开长江引航中心的参与。每一艘试航的大型船舶的驾驶舱，都能看到南通引航员的身影。

2012年11月21日，比利时籍货轮“矿京”轮服服帖帖、稳稳当当靠上南通港。这是一艘开普敦型巨轮，长289米，装载7.5万吨铁矿石后，吃水达10.3米。这是南通引航站在2012年引领的第151艘开普敦型营运船舶，也是他们2001年成功引领15万吨级“哥伦比亚”号以来，为南通港引领的第1000艘开普敦型巨轮，此举创下了长江沿线港口进靠此类船舶艘次之最。

2012 年，为促进南通“大港、大船”经济发展，南通引航站共引领特种船舶 1485 艘次，其中开普型巨轮达 397 艘次，新造船出口 61 艘次。

如果没有南通引航员的引航，这些特大型散货船是不可能抵达南通港的。

2007 年 3 月 26 日 8 时 30 分，装载着 3100 吨价值近 4 亿人民币大型钻井模块的荷兰籍“燕鸥”轮，在南通引航站一级引航员唐仁康、张伟的引领下，安全驶离南通惠生重工码头。

“燕鸥”轮是一艘半潜式特种运输船舶，长 180.5 米，吃水 7.8 米，最大可下潜至水下 22 米。该轮设有前后两座驾驶台，动力操纵装置在后驾驶台。装载大型钻井模块后，后驾驶台视线被遮挡，盲区达 800~1200 米。

按照技术专家制订的周密引航方案，引航员克服驾驶盲区大和专用航道回旋余地小的困难，经过 4 小时的航行，将“燕鸥”轮安全引领至上海宝山交接区，完成引航交接。

「 为驶向太平洋彼岸墨西哥湾的“燕鸥”轮引航 」

驶向太平洋彼岸墨西哥湾的“燕鸥”轮，装载着 3100 吨大型钻井模块，为南通惠生公司首批对外出口的海上石油设施之一，附加值是普通钢结构的 10 倍。中国大型钻井模块的成功出口，打破了长期以来欧美发达国家在墨西哥湾海上石油设施的技术垄断。这次成功引航，对提升南通企业的国际竞争力，促进南通市外向型经济发展，具有重要意义。

2007 年 9 月 6 日，长江引航中心太仓引航站来了两位特殊的客人——日本上海下关轮渡株式会社首席代表入谷泰生先生和小林一夫社长。他们以赠送一张“理想之国 2 号”轮纪念照片作为答谢，答谢引航员的精心引航，使江苏太仓至日本周班轮航线首航成功。

“理想之国 2 号”轮是一艘客滚两用船，上层建筑丰满，受风面积大。其装卸栈桥位于船舶右舷尾部，必须以右舷靠泊码头才能进行装卸作业，引航难度相当大。针对该轮顺流操纵困难等不利因素，太仓引航中心制订了详细的靠泊实施方案。9月5日17时30分，“理想之国2号”轮在太仓站站长周彬、一级引航员王中发的引领下，克服较为恶劣的气象条件，安全准时靠泊苏州港太仓港区集装箱码头，确保了江苏太仓至日本周班航线的首航。

「深水太仓港」

2010年1月8日，长江口12.5米深水航道延伸至太仓港。由于太仓港没有跨江桥梁高度限制，越来越多的超高、超宽特种设备选择在太仓装船出口，太仓港以其独特地理优势获得了船舶重工、港机制造等企业的青睐。太仓港发展势头迅猛，各码头装卸货物种类，特别是特种设备持续增加。

为将12.5米深水航道资源尽快转化为现实生产力，适应船舶大型化深吃水化趋势，太仓引航站为集装箱船舶、煤炭船舶、成品油船舶提供引航绿色通道，并积极配合海峡两岸船舶直航。

2010年，太仓引航站共引领中外籍船舶6695艘次，同比增长20.2%。其中引领夜航船舶2055艘次，同比增加26.7%；引领集装箱船舶1814艘次，同比增长25.4%；引领三超船舶737艘次，同比增长22.6%。实现引航安全无事故。2011年，太仓引航站平均每天引领18艘次中外籍船舶，为太仓港步入亿吨大港行列作出了贡献。

余论

行船走马三分险。与船舶运输如影随行的长江流域的引航救助，从古代最原始的锣声引航、火光引航，到看水引航、标识引航、歌谣引航；从新中国成立初期长江引航员只有对讲机、望远镜、江图和雷达等简陋引航装备，到如今自身携带笔记本电脑，使用电子航道图和 CPS 定位仪等现代科技引航；从近代外国列强把持中国引航，长江流域航权完全丧失，到新中国行使主权，收回航权，对每一艘进入长江的外国籍船舶进行强制引航；从引领千吨级小型船舶，到不断创造引航奇迹，引领 50 万吨级超巨型油轮；从古代民间寺庙救助普渡慈航，到善堂救生利济行旅；从崇善尚义的个人救助，到官府红船护航救生、护渡救生、护漕救生，直到今非昔比、日新月异的当代立体救助体系的形成；从集长江海事巡航、搜救、执法三位一体多功能综合基地的建设，到具有划时代意义的“全程监控一体化”系统的建成，长江流域的引航救助经历了风雨沧桑，走过了漫长的发展道路，并孕育、形成了内容丰富、形式多样的引航救助文化。其深刻的内涵告诉我们：安全是人类生存和发展的最基本需求，趋吉避害是人类与生俱来的天性，救死扶伤是人类代代相传的传统美德。对这一内涵的最好诠释是 2015 年 6 月的长江“东方之星”大搜救。生命至上，大爱无疆。一切以人为本、一切以尊重和敬畏生命为最高原则的“东方之星”大搜救，是数千搜救人员和全社会 13 个通宵达旦的全心救助和爱心付出。这幅国家大搜救的宏伟画卷，这曲荡气回肠的长江大搜救交响乐，将永远载入中华人民共和国的史册。

图书在版编目（CIP）数据

引航救助／周永峰编著． —武汉：长江出版社，
2019.6（2023.1重印）
（长江文明之旅丛书． 山高水长篇）
ISBN 978-7-5492-6527-5

Ⅰ．①引… Ⅱ．①周… Ⅲ．①长江流域—
引航—史料②长江流域—海难救助—史料 Ⅳ．
①U675.98 ②U676.8

中国版本图书馆CIP数据核字（2019）第105227号

项目统筹：张　树
责任编辑：吴曙霞　　苏密娅
封面设计：刘斯佳

引航救助

刘玉堂　王玉德　总主编　周永峰　编著
出版发行：上海科学技术文献出版社
地　　址：上海市长乐路746号　200040
出版发行：长江出版社
地　　址：武汉市解放大道1863号　430010
经　　销：各地新华书店
印　　刷：中印南方印刷有限公司
规　　格：710mm×1000mm　1/16
印　　张：10.5
字　　数：143千字
版　　次：2019年6月第1版　2023年1月第2次印刷
书　　号：ISBN 978-7-5492-6527-5
定　　价：39.80元
（版权所有　翻版必究　印装有误　负责调换）